教育信息化TEAM Model智慧教室实训教材

团队合作学习模式智慧课堂

典型案例及点评

主编 郭彩龙

西安交通大学出版社
XI'AN JIAOTONG UNIVERSITY PRESS

图书在版编目（CIP）数据

教育信息化TEAM Model智慧教室实训教材团队合作学习模式智慧课堂典型案例及点评 / 郭彩龙主编. —西安：西安交通大学出版社，2017.1

ISBN 978-7-5605-9260-2

Ⅰ. ①教… Ⅱ. ①郭… Ⅲ. ①教育工作—信息化—研究 Ⅳ. ①G43

中国版本图书馆CIP数据核字(2016)第308901号

书　　名	教育信息化TEAM Model智慧教室实训教材：团队合作学习模式智慧课堂典型案例及点评
主　　编	郭彩龙
责任编辑	任　芳　柳　晨
出版发行	西安交通大学出版社 （西安市兴庆南路10号　邮政编码710049）
网　　址	http://www.xjtupress.com
电　　话	（029）82668357　82667874（发行中心） （029）82668315（总编办）
传　　真	（029）82668280
印　　刷	陕西奇彩印务有限责任公司
开　　本	880 mm×1230 mm　1/16　印张　12　字数　281千字
版次印次	2017年1月第1版　2017年1月第1次印刷
书　　号	ISBN 978-7-5605-9260-2
定　　价	40.00元

读者购书、书店添货、如发现印装质量问题，请与本社发行中心联系、调换。

订购热线：（029）82665248　82665249

投稿热线：（029）82668526

读者信箱：xjtu_hotreading@sina. com

向辛勤耕耘的智慧教育工作者致敬

愿典型案例及点评能协助你们

增进自身教学品质、提高学生学习成效

编 委 会

主　编：郭彩龙

编　者：吴权威　罗　婵　程亚宁　王文静　魏　琼
詹丽芹　郭　梨　陈党伟　胡伟伟　胡　娟
雷颖茹　黄　佳　叶小云　刘　彬　张芳霞
张　蕊　孙琳虹　杜银昌　柴阿莉　解亚绒
刘佳丽　冉金平　汤月侠　李　倩　李　静
李从芮　张永辉　陈洪苗　马海利　杨春艳
郑　敏　焦慧冕　林慧慧　叶雪珍　陈晓梅
宋　琳　魏有银　陈小辉　王渊杰　袁振国
董素珍　吴科峰

序

2010年《国家中长期教育改革和发展规划纲要（2010－2020年）》中明确提出，“信息技术对教育发展具有革命性影响，必须予以高度重视”。至此，中国教育信息化发展被提升到一个新的高度。

信息技术对教育的革命性影响日趋明显，教育信息化与教育教学进行深度融合、加快教育信息化变革传统教学模式亟须尽快推进。杨凌示范区作为智慧教室较早的试行者，经过多年的建设，教育信息化TEAM Model智慧教室的团队合作学习模式，智慧课堂利用信息技术创新开展教学，在推动学校课改进程、提高教师教学效果、学生学习效率、促进教育公平等方面做了大量卓有成效的工作。利用智慧教室进行创新教学，关键在教师，而不是教室，教育信息化配合适当的教学模式来发展，才会更加有效。如何使教师更有效地利用智慧软件的强大功能激活学生、激活课堂，最终形成充满师生生命活力的“智慧课堂”，增进教师教学品质、提高学生学习成效，成为教育界探讨的热点。

案例是教师专业成长的阶梯、理论联系实际的桥梁。一个典型的案例可以生动形象地诠释一个教育理念。本教材辑录的典型案例，表述风格不同，写法各异，展现了每所学校独特的教育观念和教育决策。但它们有一个共同的特点，就是从不同角度生动地记录了TEAM Model智慧教室团队合作学习模式——智慧课堂在中国基础教育改革发展进程中理论的探索和实践的足迹，反映了案例作者扎实的教育理论知识及在教育教学实践中出众的运用能力，对我们今后的教育具有很强的借鉴作用。

当然，本书针对的是异于传统教育理念、教学方法与模式的智慧课堂。新的探索，很难在短期内形成广泛共识，因此，围绕这一主题的研究还将持续下去，并将在实践中不断得到完善和提升。相信这本教材会对教育教学信息化、教育教学改革和教材建设起到积极的推动作用。

前　言

当前，云计算、大数据、物联网、移动计算等新技术逐步广泛应用，经济社会各行业信息化步伐不断加快，社会整体信息化程度不断加深，信息技术对教育的影响也日趋明显。智慧教育是数字化时代教育的新追求。当前，教育改革和发展正面临着前所未有的挑战，我们在深刻体会信息技术给社会和生活带来改变的同时，也对技术改变学校"教"与"学"的方式充满期待。TEAM Model智慧教室以HiTeach软件为核心，整合多种科技辅具，包含交互式电子白板、实物提示机、IRS即时反馈系统、云计算等，随时提供即时诊断分析ClouDAS服务，发挥"科技在教学上的积极贡献"，发展"有效能的e化教学模式与策略"，进而"创造教育的无限可能"，充分满足"教"与"学"的需求，有力地提升了教师教学展现力和学生洞察力，提高了课堂教学效率，获得教育用户的广泛认同。众多工作在第一线的教师积累了丰富的宝贵经验，创造着一个又一个教育教学经典案例。

真实成功的案例有助于经验的传播，有利于教师的成长。本书作为教育信息化TEAM Model智慧教室实训教材系列图书之一，从数百个案例中辑录了32个表述、风格不同、写法各异的团队合作学习模式智慧课堂典型案例，从不同角度生动地记录了教育信息化TEAM Model 智慧教室在中国基础教育改革发展进程中实践的探索，具有强烈的时代特征。在此，向辛勤工作、勇于探索的案例作者表示崇高的敬意。

审定并组织出版这套教材的基本思想是力求精品、优中选优。案例选取突出代表性，强调作者在教学第一线长期工作的宝贵经验及创新教学理念并邀请专家进行了点评，力求可学可用，借鉴性强，易于读者理解和掌握。

希望这套精心策划、精心编审、精心出版的系列教材会得到大家的认可，对教育教学信息化及基础教育教学改革和教材建设有微薄的贡献。

编　者

2016年7月12日

于古城西安

目　录

第一部分　教学设计典型案例

教学设计是指教师以现代教学理论为基础，依据教学对象的特点和教师自己的教学观念、经验、风格，运用系统的观点与方法，分析教学中的问题和需求，确定教学目标，建立解决问题的步骤，合理组合和安排各种教学要素，为优化教学效果而制订实施方案的系统计划过程。

案例教学模拟或者重现教学现场场景，一直受到高度重视。智慧课堂的教学决策数据化、评价反馈即时化、交流互动立体化、资源推送智能化使得课堂教学变得更加智能、高效。本部分“纯天然”呈现的32个中小学多个学科的智慧课堂教学设计典型案例，均来源于一线优秀教师的教学实践，内容丰富、涵盖面广、实践指导性强，具有一定的代表性和普遍性，共同揭示了智慧教育信息化平台下传统课堂教学结构和教学模式发生的巨大变化，通过智慧的教与学，实现符合学生个性特征成长和发展要求的现代教育理念。

案例选择充分考虑了作者的问题意识、理论背景、写作风格和篇幅长短及着眼点，具有针对性、指导性和实用性，对从事信息化教学的一线教师有很强的借鉴作用。

案例1：《生活处处有语文》教学设计

（陕西杨凌高新初级中学　程亚宁）

设计意图

在Team Model智慧教室环境下运用HiTeach软件镶嵌课件，将课前、课中、课后的教学活动无缝接轨，整合所有教学资源，灵活运用互动技术，提高学生课堂兴趣，积极互动、生动形象地讲解知识点的同时，又准确迅速地了解到全班每个同学对所讲知识点的掌握情况。让教育信息化与智慧课堂深度融合，让课堂快乐的同时达到最高效率。

教学过程

导入新课后，出示本次综合性活动的活动目标，推送至学生平板，TBL小组合作学习。

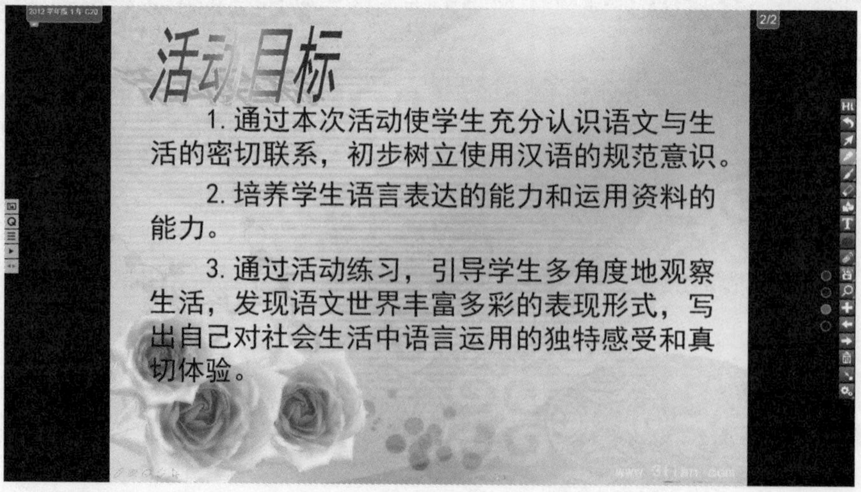

第一环节：了解网络语言

随着网络文化的兴起，网络流行语也成为人类语言发展长河中一道奇异的风景。随着学生上网人数的逐渐增多，他们的作文也不可避免地受到网络流行语的影响。

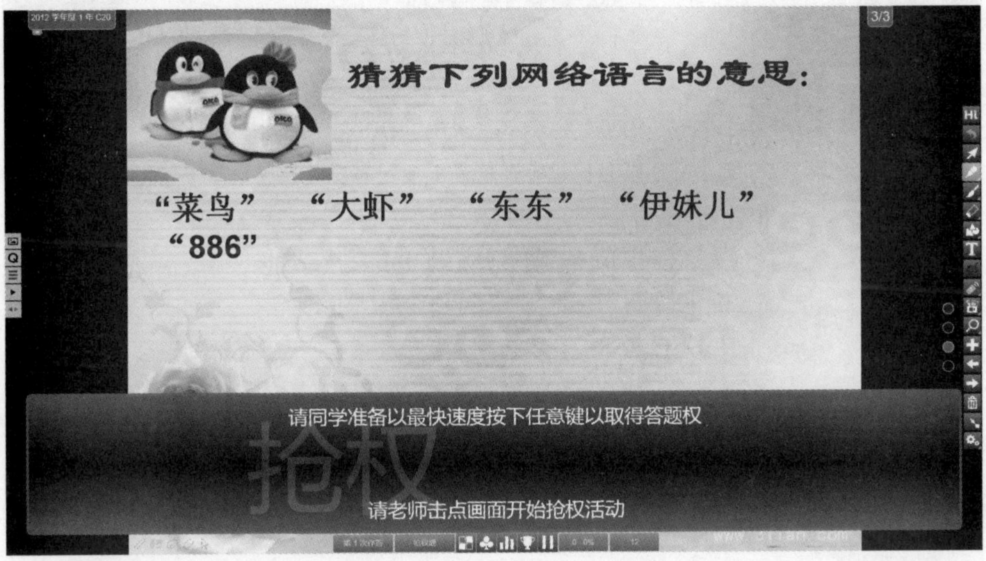

作为网络时代的原住民，网络语言就是母语。通过HiTeach软件的IRS反馈器抢权解答熟悉的内容，学生的积极性特别高，课堂气氛十分活跃，几欲沸腾。

在抢答之后，学生的热情还没过去，趁此机会讨论网络用语的可行性问题，事半功倍。使用HiTeach软件的“教具”的“挑人功能”挑学生来回答，提高学生的注意力，传授给他们正确对待网络语言的态度。

第二环节：名字的学问

人不但赋予万物以名称，还赋予他本身以名称。在我们的日常生活当中，很少有人关注过自己或他人的名字，这是因为我们都觉得这是一件非常正常的事情。其实，我们的名字里面大有学问。我们从研究自己、他人和世间万物的名称的过程中可以学到很多东西。

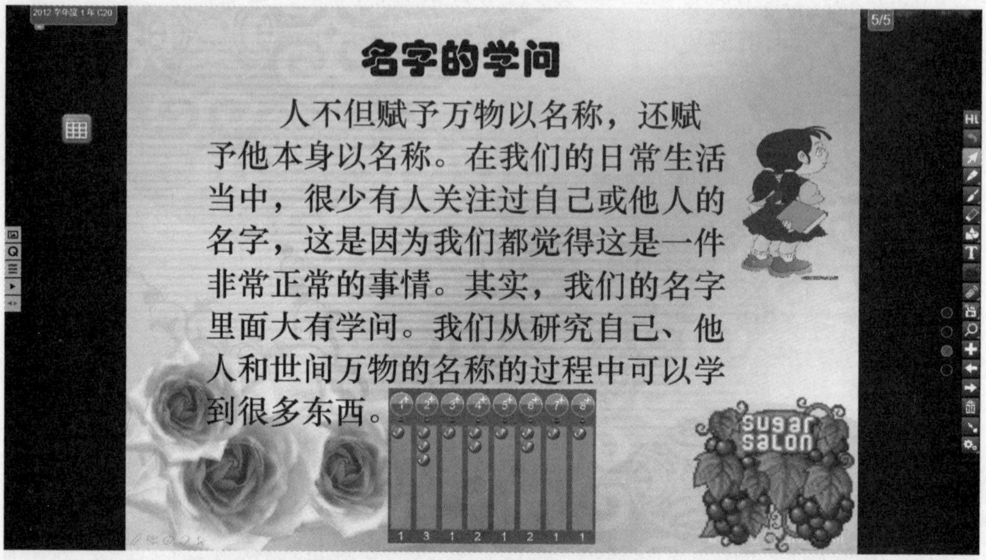

姓名中蕴含汉语言的奥秘，从中可以体会出语言文字的魅力，尤其是古人的名字，值得细细分析、细细品味。

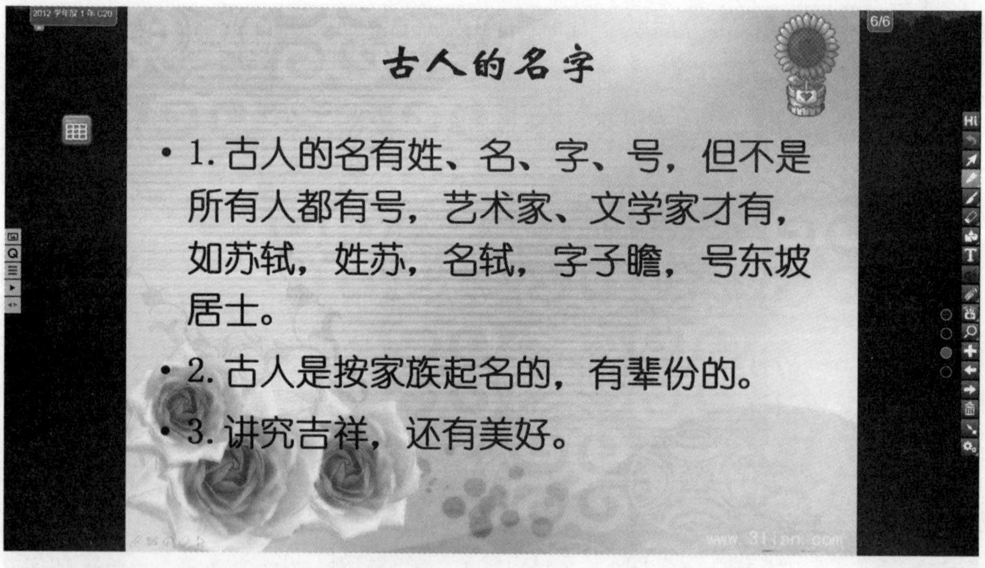

用PPT出示古人名字的讲究，学生了解之后，分析可能存在的讲究。

四 练习

出示学生熟知的诗人的名及字，让学生连线对号。通过HiTeach软件的挑人功能选人来进行连线，在复习原有知识的基础上，了解古人名字的学问。

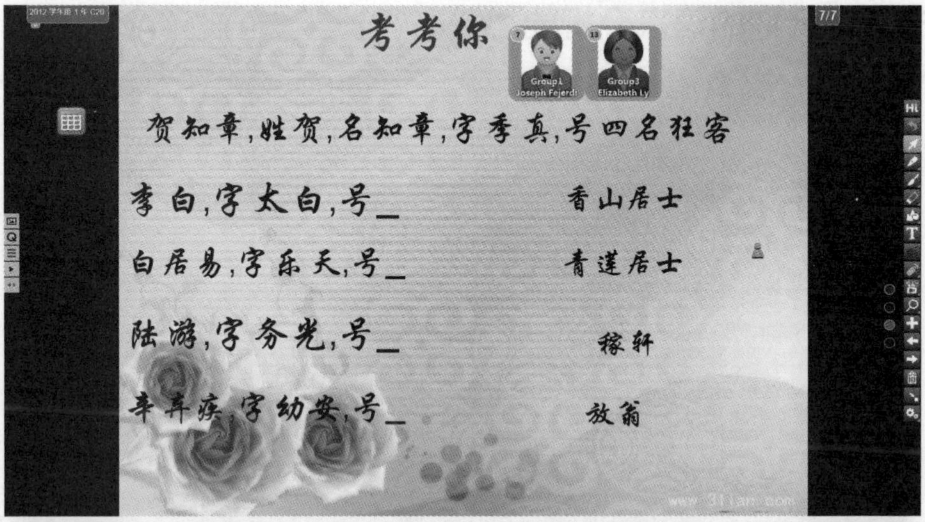

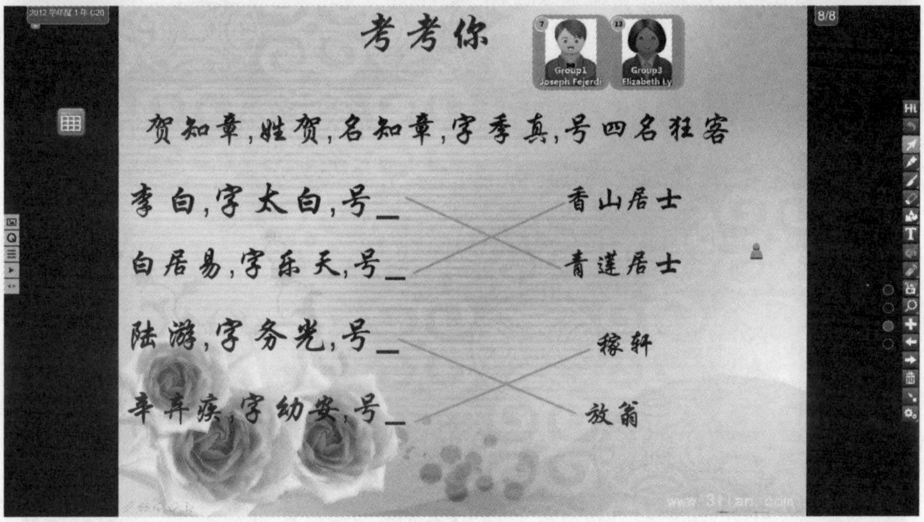

出示《红楼梦》中人物的名字谱，推送到学生的平板，然后让学生利用TBL学习小组合作讨论、分析，体会古代大家族取名的讲究和艺术，体会语言文字寄予的美好含义，体会语言文字的魅力。

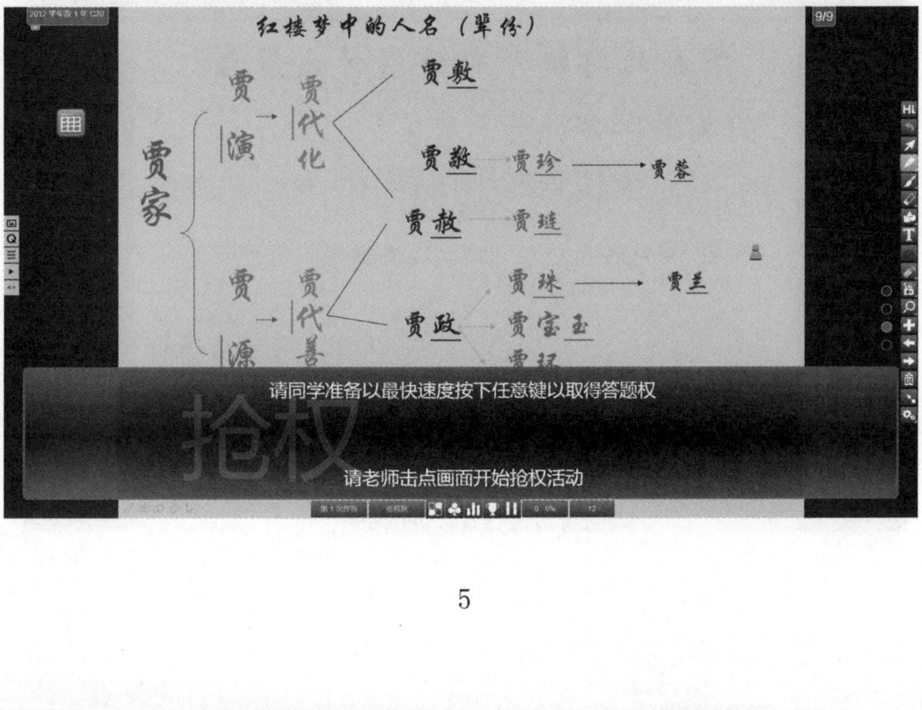

第三环节：考考你的语言分析能力

出示店铺门口的对联，猜猜这些对联适用什么店铺。利用HiTeach软件的IRS反馈器“即问即答”进行选择。

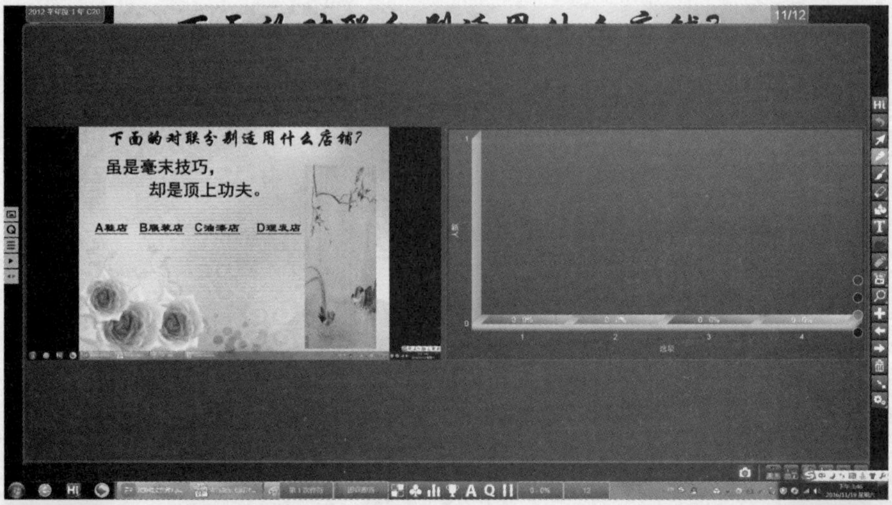

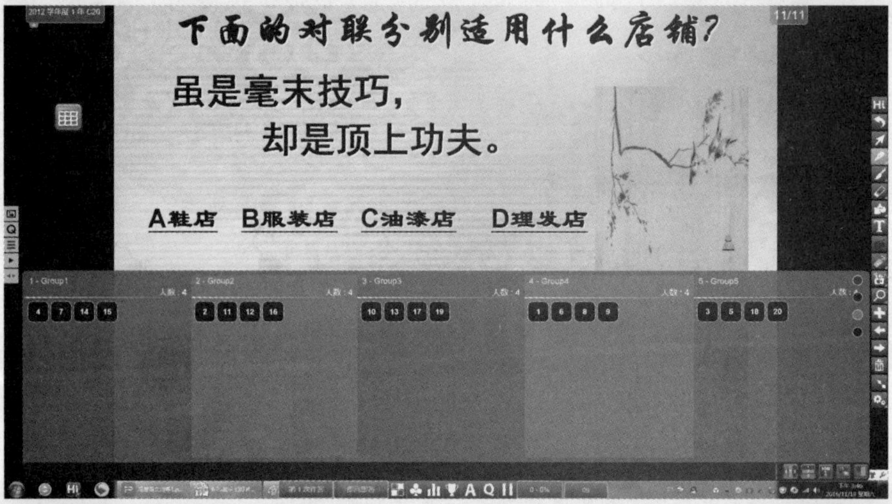

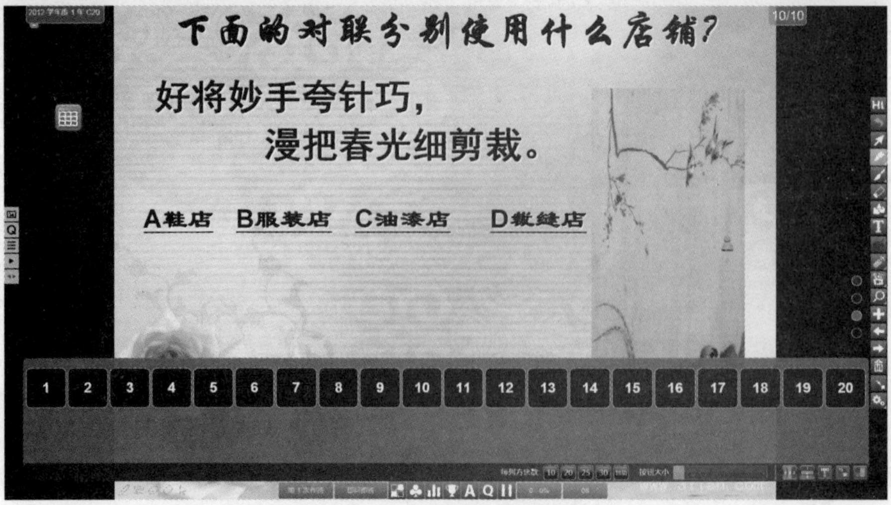

通过HiTeach软件的“翻牌”功能，可以准确看到每个学生的答案，通过看柱形图可以看到班级学生作答的答案趋势。

第四环节：猜猜“我”是谁?

出示现实生活中经改动用以作宣传的成语，猜猜改动过的成语是宣传什么东西的。采用HiTeach软件的推送功能，将题目推送至学生平板，然后让学生利用TBL学习小组合作讨论、分析，在平板上直接作答，然后再上传到教师端，教师进行现场讲解，这发挥了每个人的积极性，问题与答案直观而准确。

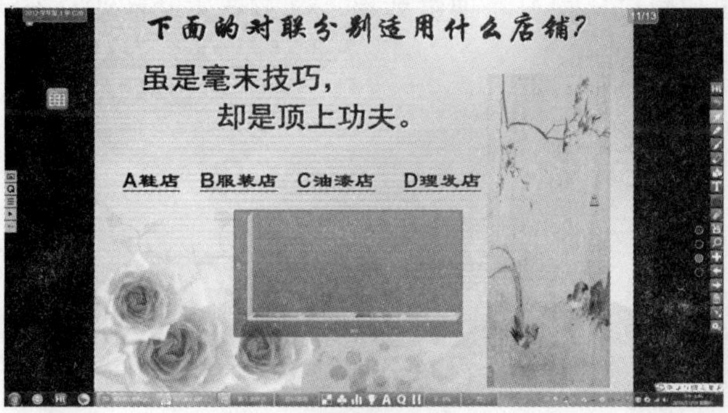

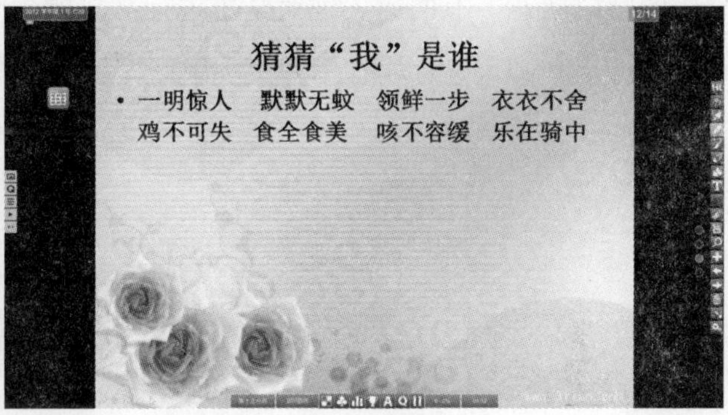

根据“计分板”的得分情况确定本节课的“明星小组”！

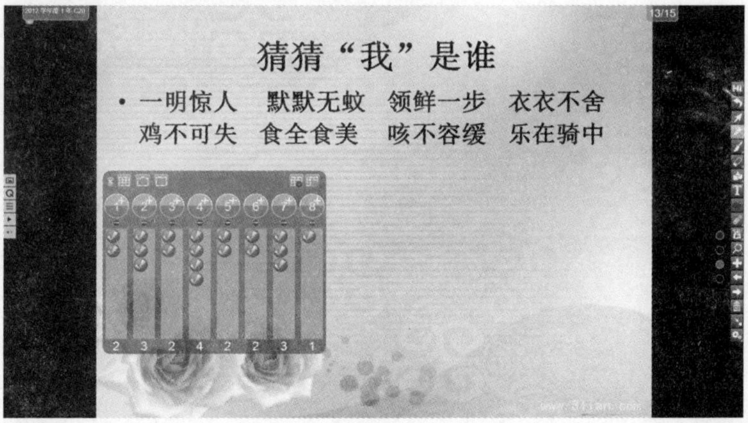

最后对本节课进行总结，希望在品析语言文字的过程中让学生感悟生活、热爱语文！HiTeach软件让这节课生动活泼、充满趣味，在轻松的氛围中，学生掌握了知识，而且对语言文字充满了兴趣。

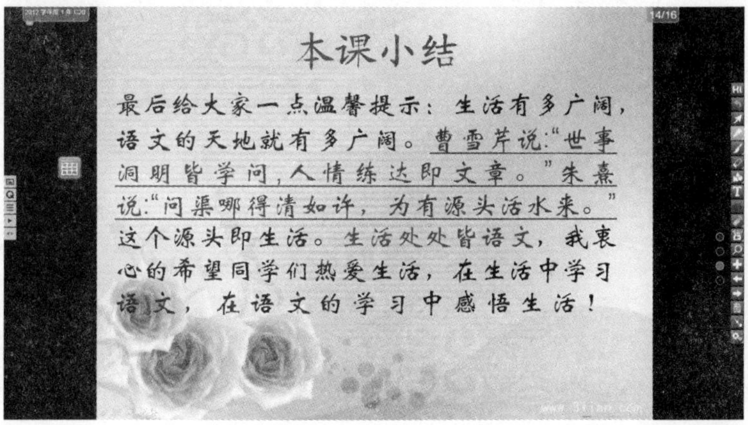

专家点评

本课教学设计紧扣“生活”、“处处”，引导学生寻找生活中的语文现象，加强对其语文素养的培养，引导学生留心观察、热爱生活、热爱语文，总体思路是很好的。课堂应用HiTeach软件、丰富的活动设计、抢答、讨论、比赛等形式调动了学生的积极性，提高了学生的参与度，课堂上老师能准确了解学生的学习状态，有的放失地对学生进行文化的熏陶和感染，提升了课堂效率。这节课生动活泼、充满趣味，师生互动良好，在轻松的氛围中，学生很容易掌握知识。

案例2：《晏子使楚》教学设计

（陕西杨凌张家岗小学 王文静）

教学目标	**1.知识与技能** （1）能够正确、流利、有感情地朗读课文。 （2）理解课文内容，体会晏子语言的巧妙，并从人物对话中体会人物的特点。 **2.过程与方法** 通过自读自悟和小组合作学习的方法，理解课文内容，领悟文章表达方法，解决学习中的疑惑。 **3.情感、态度与价值观** 通过对课文的学习，使学生体会到晏子能言善辩的才能和维护国家尊严的精神。
教学重、难点及突破方法	重、难点：体会晏子语言的巧妙，并从他机智的回答中体会人物的特点。 突破方法：通过具体的事例进行分析，抓住人物语言特点，理解晏子语言的巧妙，从而感受人物形象特点。
教学准备	学生：熟读课文、自备表演道具。 教师：自制PPT、HiTeach软件、调试平板、反馈器。

教学过程			
教学环节	教学内容	活动设计意图	媒体资源的应用
一、 复习导入 激发欲望	师：同学们，上节课我们学习了《晏子使楚》一文的生字、词，了解了课文的主要内容。下面，我来检测一下大家的掌握情况： 1．出示词语，挑一个组开火车朗读词语。 2．出示课文内容填空，学生抢答，教师适时板书。 3．引导学生质疑：这节课，你最想知道些什么（或解决哪些问题）。 师：就让我们继续学习《晏子使楚》这篇课文，在解决问题的同时，去感受晏子的个人魅力吧。	开课之初，教师找准新旧知识联结点，让新旧知识建立起实质性联系，从而帮助孩子实现认知的迁移，再利用IRS抢答功能和挑人功能吸引学生注意力，让课程一开始就展现出良好的气氛。	词语幻灯片挑人，课文内容幻灯片抢权回答
二、 了解目标 明确目标	1．教师出示本课学习目标。 师：请同学们迅速了解本课学习目标，读完后，用你的坐姿告诉我。 2．学生迅速阅读，明确本课目标（教师加分）。	做任何事情，都必须要有一个明确的目标，学习新知识前，先让学生先了解本课学习目标，目标明确后，学习才会更有成效。	学习目标幻灯片，计分板

续表

教学过程			
教学环节	教学内容	活动设计意图	媒体资源的应用
三、 个性研读 解读文本	教师过渡：目标大家都明确了吗；有信心达成目标吗；接下来，就请大家根据自学指导，投入到学习活动中去吧。倒计时开始，看哪个组学习效率最高效。 1. 教师计时，学生自主学习：先独学，再群学。教师巡视参与小组活动，关注每组情况，适时点拨。 2. 展示、分享学习成果。 （1）第一次交锋：教师小结：楚王原想侮辱晏子来显楚国的威风，可还没见面，便败下阵来，堂堂一国之君岂能善罢甘休；接下来他又会怎样来侮辱晏子呢；继续展示。 （2）第二次交锋：教师小结：前两次的交锋楚王的目的都未达到，于是他一计不成又心生一计。继续展示。 （3）第三次交锋：教师小结：三次侮辱，楚王都以失败而告终，他居心叵测，自作聪明，本想侮辱晏子，反倒自取其辱。 3. 给刚展示过的小组投票打分。	通过小组合作、交流、讨论、展示来表达自己对课文的独特感受和体验。使每位学生在积极主动的阅读实践中加深理解和体验，从而体现“阅读是学生个性化的行为，不应以教师的分析来代替学生的阅读实践”。HiTeach软件互动模式及计时器、作品观摩、IRS投票功能等各个功能的应用，让学生自主学习、合作探究、成果展示，交流更有序、更充分、更高效。	自学指导幻灯片，推送自学指导到平板 计时器功能，学习单活动一，平板拍照，作品观摩，呈现学习成果 学生根据呈现的学习成果进行表演、展示 使用IRS投票功能计分
四、 拓展延伸 总结升华	1. 创设情境：晏子成功出使楚国，维护了齐国的尊严，大臣们知道此事后，纷纷上奏齐王，请求齐王嘉奖晏子。如果你们是大臣，会怎么写奏折呢？ 2. 学生合作完成小组学习单上的奏折，上传。 3. 作品观摩，设两个席位，小组代表展示。 4. 教师总结：是啊，大臣们都被晏子巧妙的语言、过人的才智、强烈的爱国情怀所折服。你们被折服了吗？让我们记住这个充满智慧的名字——（生齐读）晏子！ 5. 总结课堂小组表现，评选出优秀组，树立学习榜样。	本环节引导学生在解读课文的基础上，来概括人物特点；作品观摩时，教师只开设两个席位，激发学生学习的积极性，促使提高小组的学习效率；最后，教师总结，升华主题，很自然地将课堂学习引向课外，激发学生课外继续了解晏子的兴趣，拓展了语文学习的空间，体现了语文学科的生活性及开放性。	奏折幻灯片 学习单元活动二 平板拍照、上传 作品观摩 计分板

附：学习活动

《晏子使楚》小组学习活动

（第2课时）

学习目标

①能够正确、流利、有感情地朗读课文。

②理解课文内容，体会晏子语言的巧妙，并从人物对话中体会人物的特点。（重、难点）

活动方案

1．阅读文本，品味语言，用简洁的语言填表。

第几次交锋	楚王侮辱	晏子反驳	结果	晏子的话妙在何处
第　　次				

组内备展：选择感兴趣的方式展示出人物的特点。

2．拓展练习，升华感情。

奏　折

尊敬的齐王陛下：

臣以为晏大夫这次能出色地完成出使任务，主要是因为晏大夫：

____

____

____

上奏人：

<table>
<tr><th colspan="4">教学单元模式说明</th></tr>
<tr><td>教学单元</td><td>第三单元《11．晏子使楚》第二课时</td><td>单元教学时长</td><td>40分钟</td></tr>
<tr><td>年级</td><td>小学五年级</td><td>学科</td><td>语文</td></tr>
<tr><td>智能模式简介</td><td colspan="3">学习语言的过程应该是学生积极参与，主动获取的过程。教学中，教师的任务主要是“导”，学生的任务主要是“学”，通过独学批注、自主学习、合作探究、展示交流以及教师的适时点拨，充分利用HiTeach软件的挑人、计时、推送、作品观摩等功能，让学生积极、主动、有效地参与到教学活动中来，从而不仅实现了“阅读是学生的个性化行为，不应以教师的分析来替代学生的阅读实践”这一目标，还提高了教学效能和学习效率。</td></tr>
<tr><td>模式架构（流程图）</td><td colspan="3">挑人、抢答
激发欲望 → 呈现目标
明确目标 → 作品观摩
展示互动 → 分享作品
升华主题</td></tr>
<tr><td rowspan="2">模式说明</td><td>模式流程步骤说明</td><td colspan="2">照片</td></tr>
<tr><td>一、挑人、抢答，激发欲望
复习原有知识，导入新知识，并应用挑人功能检测学生对原有知识的掌握情况，引起学生注意，让学生一开始就展现出良好的状态。</td><td colspan="2">挑人、抢答，复习上节知识，吸引学生注意力，激发学生主动质疑、主动探究欲望。

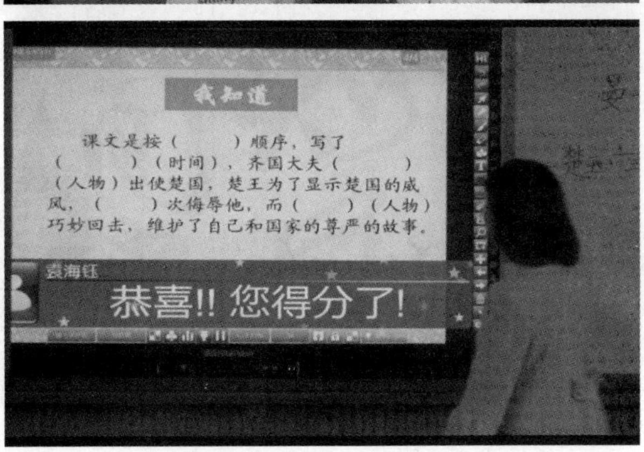
</td></tr>
</table>

<table>
<tr><th></th><th>模式流程步骤说明</th><th>照片</th></tr>
<tr><td rowspan="2">模式
说明</td><td>二、呈现目标，明确目标
做任何事情，都必须目标明确，因此，学习新知识前，先让学生了解本课学习目标，目标明确后，学习才会更高效。</td><td>明确本课目标，便于学生有目的性地开展学习活动。
</td></tr>
<tr><td>三、作品观摩，展示互动
通过学生独学批注、合作讨论、拍照上传、作品观摩、分组汇报展示，呈现个性化的学习成果。</td><td>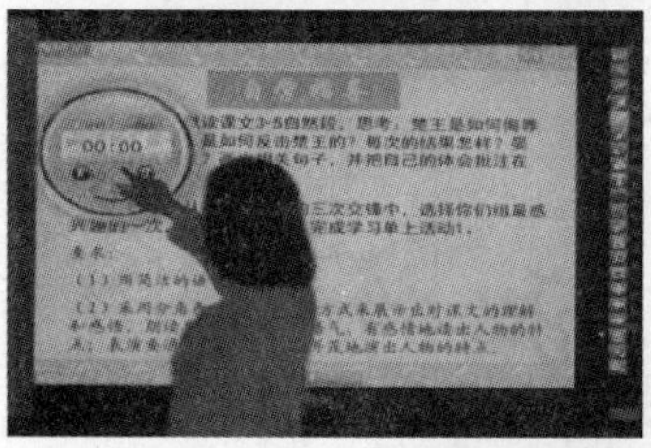
1. 计时，规定自主、合作学习时间，使小组合作学习更高效。
2. 学生自主、合作学习，拍照上传学习成果。

3. 分组采用朗读或表演等方式上台展示对课文的独特理解和感悟。
4. 展示完毕后，采用IRS投票功能，投票评选出最佳展示奖。

5. 为展示最佳小组加分。</td></tr>
</table>

<table>
<tr><td></td><td>模式流程步骤说明</td><td>照片</td></tr>
<tr><td>模式
说明</td><td>四、分享作品，升华主题
引导学生在解读文本的基础上进行练笔，使人文性与工具性融为一体。学生拍照、上传，分享作品，从而总结本课，升华主题，把学习从课内引向课外。</td><td>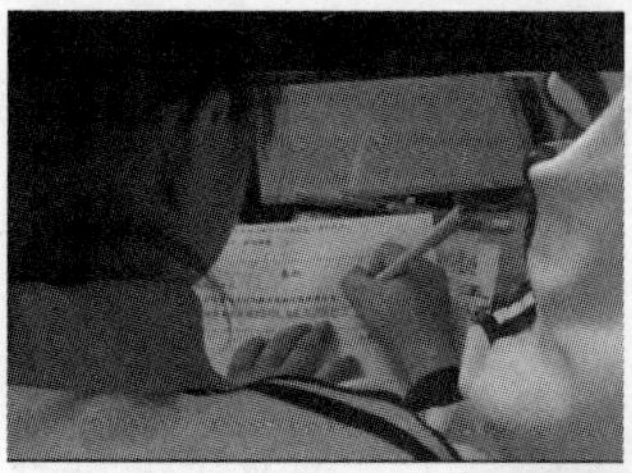
1．创设情境，引导学生在解读文本的基础上概括人物特点。

2．作品观摩，只开两个席位，激发学生学习积极性，提高小组学习效率。

3．学生拍照、上传、展示、分享作品，在思维碰撞中，引起共鸣。

4．教师总结全课，升华主题，把学习从课内引向课外。</td></tr>
<tr><td>效益
分析</td><td colspan="2">1．利用挑人功能和IRS抢答功能，引起学生注意，使学生展现出良好的学习状态，注意力提高了，课堂学习效率自然也就提高了。
2．小组合作是课堂学习的有效形式。但在传统教学中，我们经常会发现小组合作时，组员看起来情绪高涨，但实际配合较少，参与度也不高，每组只有组长在动，而其他成员都在旁观。这样一来，又耗时又低效；本课学生自主学习是应用HiTeach的计时功能，规定学习时间，当学生看到时间在慢慢消失，会有一种紧迫感，学生参与活动更为紧张，参与讨论更为充分，还能帮助学生养成良好的学习习惯，使小组合作学习更高效。
3．页面推送、作品观摩等功能的应用，及时呈现教学内容或学生的学习成果，有效地激发了学生学习积极性，使每一位学生都能积极、主动地参与到学习活动中来，让学生自主学习、成果交流更有序、更充分、更高效。充分加强了师生间、生生间互动，提高合作能力和效率。
4．IRS投票功能给各小组的展示打分，让每一位学生有机会表达自己的意见，尊重学生个性的发展。
5．记分板功能的使用，形成了一种比、学、赶、超的学习氛围，培养学生竞争意识，激发参与的积极性。
总之，HiTeach互动系统是语文老师教学中的好帮手。</td></tr>
</table>

智慧课堂心路历程

从2015年2月首次参加智慧课堂培训到今天，一年多来的成长历程中，有过困惑、有过迷茫，但困惑、迷茫过后，更多的是喜悦。因为，从传统课堂到智慧课堂的转变，让教师教得轻松、高效，让学生学得轻松、快乐。

第一次参加智慧教育培训，第一次观摩智慧课堂示范课，我的内心无比激动和震撼。原来，还有如此好的信息技术手段，使课堂充满活力。课堂上，孩子们注意力高度集中，没有一个孩子干与教学无关的事，当老师“挑人”时，孩子们静静地凝视着大屏，当老师开启抢答功能时，孩子们争先恐后地按动手中的反馈器，顿时，课堂沸腾了！如果我的课堂也能如此，那该多好啊！

于是，为了成为一名智慧教师，我认真研究培训笔记，利用业余时间研读TEAM Model智慧教室实训教材，区上组织培训，我总是认真聆听，并做好笔记。当学校给我们每个班都安装了智慧教育软件后，我迫不及待地进行操作尝试。我还清楚地记得，第一次利用智慧软件给学生上课时的情景，孩子们非常兴奋，挑人、抢答让他们集中了注意力，就连平时上课经常捣乱的孩子也能专注地听课，并积极地参与教学活动。初次尝试，虽然课堂上出现了这样那样的问题，但看到孩子们能认真听讲，主动参与了，我很开心，开心之余也在反思：如何才能让智慧教育手段与我的语文课堂完美结合？如何使孩子们轻松、愉快、有效地参与到语文教学活动中来？希望能够不断学习、探索中解决这些问题。

在我的不断努力、探索下，在智慧教育培训机构的指导帮助下，如今，我的课堂已经形成了一种“生动、互动、主动”的学习氛围，如果说课堂是一个舞台，那么它将是每一个学生展示自己的舞台，也是师生共同成长、进步，共同发展的舞台。

智慧教育如何与高效课堂完美结合？在智慧教育的道路上，我将继续探索！

专家点评

本课教学设计环节齐全，充分利用了HiTeach软件的挑人、计时、推送、作品观摩等功能，让学生积极、主动、有效地参与到教学活动中来，充分调动了学生的学习兴趣。教师的“导”与学生的“学”有效结合，学生的思维真正调动起来。IRS投票功能让每一位学生都有机会表达自己的意见，充分尊重了学生个性的发展。记分板功能的使用，形成了一种比、学、赶、超的学习氛围，培养了学生竞争意识，激发参与的积极性，总之，HiTeach互动系统是语文老师教学中的好帮手。

案例3：《矛和盾的集合》教学设计

（陕西杨凌高新小学 魏琼）

一、课程设计

（一）观看视频，导入新课

1. 孩子们，我们已经学习了25课的生字词，老师想考考大家，看看你们都会了吗？

2. 看来大家已经学会了本课的生字词，那这节课，我们继续来学习课文。

3. 见过矛吗？矛是干什么的，盾呢？集合是什么意思？课文里有一个词语跟他的意思很相近，找到，圈出来。把矛和盾集合起来，合二为一，发现了什么呢？

（二）探究课文，理解内容

1. 你们见过坦克吗？说说坦克什么样子？今天老师把坦克请到了咱们的教室，一起看看（观看视频），说说坦克给你的印象。小组交流一下你的感受。课文中有一个词语概括了坦克的特点，请你圈出来。请你找出描写坦克大显神威的句子来。你觉得哪里写出了坦克的大显神威，读一读。

2. 发明家是如何把矛的进攻和盾的自卫合二为一的呢？请小组合作学习1～4自然段。

3. 发明家和朋友比赛的时候发现了问题，那么，这是一场怎样的比赛呢？你从哪里感受到的？（出示句子。）

4. 这矛是怎样刺来的？（如雨点般）这是一个什么句子？比较句子。

5. 老师这里也有一根锋利的矛，拿出你的盾来？有吗？我要刺过来了！感受怎么样？

6. 即便是这样左抵右挡，发明家依然难以招架，在这紧张危急的关头，发明家有了什么样的解决办法？

7. 现在发明家就钻在铁屋子里，对方的矛又一次如雨点般向他刺来，结果怎样？那现在就钻进铁屋子和朋友比赛吧？又有什么困难？

8. 钻在铁屋子里，自卫是有了，但是没有了_______？发明家也发现了这个问题，他又是怎么解决的呢？

9. 这里的矛为什么要加双引号呢？这长长的一横是什么意思？这下好了，有了炮口，可以进攻，有了大铁屋子，可以自卫，对吗？

10. 装上轮子，安上履带。能跑就行了，为什么要装履带呢？有了矛的进攻，有了盾的自卫，再装上轮子，安上履带，就有了这大显神威的坦克啊！你能在图上找出坦克哪里相当于矛，哪里相当于盾。

11. 同学们，发明家集合了矛和盾的长处，再加上自己的思考，发明了坦克。

（三）悟理拓展

1. 同学们，一切发明都源于发现。发明家就是这样一次又一次发现问题，一次又一次解决问题，最后终于把矛的进攻、盾的自卫合二为一发明了在战场上大显神威的（坦克）。

2．这个故事告诉我们什么道理呢？（出示）：谁善于把别人的长处集于一身，谁就会是胜利者。课文中，谁指的是？别人的长处指的是？

3．课文中发明家将矛和盾的长处集合在一起，发明了坦克。现实中也有这样的事例，请大家想一想，在你的身边还有什么东西也是集合了别人的长处呢？

4．在平时的学习生活中，你觉得还可以把哪些东西的优点集合在一起。

5．集合是一种想问题的方法，也是一种人生智慧，不仅体现在发明创造上，也反映在做人做事的时候，比如：集思广益，取长补短，博采众长。

总结：同学们，只要我们有一双发现的眼睛，善于发现别人的长处，并将别人的长处集于一身，我们每个人都会是胜利者。在这节课的结尾，让我们再次齐读这句话，让它激励着我们不断变得更加优秀。

二、模式导图

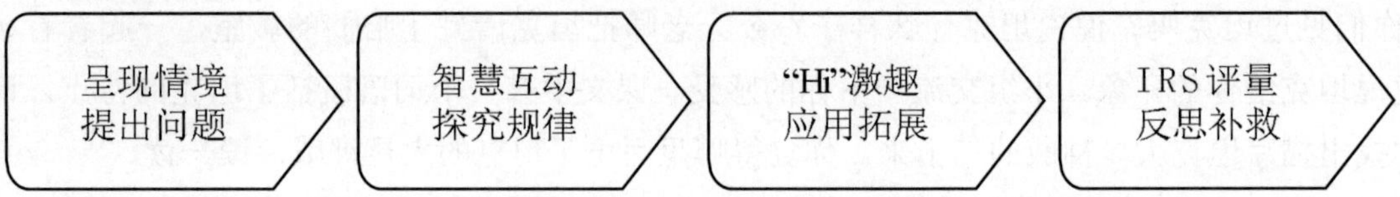

三、效益分析

智慧教育TBL（团队合作学习模式）教学模式结合HiTeach教学软件改变了过去单纯的教师讲授、学生接受的教学方式，变为师生互动、生生互动式教学，比如：

1．学生学习课文内容时，教师根据教学目标提出有针对性的、能够引发学生思考的、适合于学生小组讨论的相关问题，学生自主探究合作完成问题之后，使用实物提示机或HiTA（智慧助教手机APP）将讨论结果拍照上传于屏幕，便于每个学生观看，使课堂更加的便捷，提升教学效率；

2．通过随机挑人、IRS抢权创设民主、平等、和谐、宽松的学习氛围，加强与学生的互动。在课前检查或课后复习时，采用随机挑人方式或IRS即问即答模式，可以更精确地了解学生对知识的掌握情况，便于老师下一步教学工作的开展方向；采用IRS抢权功能激发学生积极思考问题的能力，培养学生公平竞争的意识。比如：在成都上公开课《矛和盾的集合》，课一开始通过观看视频结合学生已有认知水平，抛出坦克有哪些特点的问题，之后通过个人自主思考、小组相互讨论及发表观点，充分展示了智慧教育TBL模式的核心理念，不仅将课堂的主导权交还给学生，更培养了学生自主思考、团队协作、解决问题等能力，实现培养学生能力的同时使教学更加精进。

3．HiTeach的兼容性：在信息化教育的背景下，HiTeach可与课堂教学视频、PPT等其他教学软件结合使用。通过软件当中的批注、通用笔、计分板等功能实现教学的便利性，提升教学效率。通过更加形象的情境模拟让学生自己体会课文内容，达到轻松教、快乐学的目的。

四、流程及步骤

（一）说教材

《矛和盾的集合》是人教版小学三年级上册第七单元的一篇讲读课文，本单元以科学的思想方法为主题开展，这是一篇精读课文，主要描述的是：发明家是怎样把矛和盾的优点集合在一起发明了坦克。课文虽然篇幅短小，却意义深远，叙事简洁清楚，用事实说明道理，给人很深的启迪。

（二）教学目标

根据新课标第二阶段和本节课的教学内容，结合学生的年龄特点及认知规律，我制订本节课的教学目标为：复习本课生字、词语；探究坦克的发明过程；结合生活经验理解“谁善于把别人的长处集于一身，谁就会是胜利者”的道理；培养学生善于思考的习惯。

教学重点：发明家是如何发明坦克的。难点：理解体会由坦克的发明引发的道理。

（三）教与学方法分享

智慧教育TBL教学模式结合HiTeach教学软件改变了过去单纯的教师讲授、学生接受的教学方式，变为师生互动、生生互动式教学，本课堂上实物提示机的应用能够随时提取身边的教学资源辅助课堂，比如：学生在自主探究合作完成问题之后，使用实物提示机将学生的答案拍照上传于屏幕，便于每个学生观看，使课堂更加便捷，提升教学效率；通过随机挑人、IRS抢权创设民主、平等、和谐、宽松的学习氛围，加强与学生的互动，精确地了解和掌握每个学生的学习掌握情况。比如：本节课一开始通过观看视频结合学生已有认知水平，抛出坦克有哪些特点的问题，之后通过个人自主思考、小组相互讨论及发表观点，充分展示了智慧教育TBL模式的核心理念，不仅将课堂的主导权交还给学生，更培养了学生自主思考、团队协作、解决问题等能力，实现培养学生能力的同时使教与学更加精进。

在充分准备图片和各种信息化设备有关资料的情况下，整堂课利用视频、PPT与HiTeach结合来组织和引导学生观察、分析、讨论、归纳和总结，不仅让学生轻松理解了发明家发明坦克的原因及整个发明过程中遇到的问题和解决问题的方法，更通过情境模拟，培养学生的发散思维；充分调动学生学习的积极性和主动性，达到轻松教、快乐学的目的。

最后的课堂拓展延伸及进一步深入理解课文，让学生自己发明或者发现身边的集众长处于一起的发明并且自己动脑动手去做一些这样的东西，真正做到学以致用。

专家点评

本课在设计中用问题串联始终，智慧教育TBL教学模式结合HiTeach教学软件改变了过去单纯的教师讲授、学生接受的教学方式，变为师生互动、生生互动式教学模式，由浅入深，循循善诱，符合学生心理特点，能更加有效地引导学生逐步进入文章，并对文章内容及思想有深入的了解，中间的抢答，小组讨论等环节很好调动了学生的积极性和参与意识，提高了课堂效率，将课堂的主导权交还给学生，更培养了学生自主思考、团队协作、解决问题等能力。

案例4：《女娲补天》教学设计

（福建省厦门市阳翟小学　詹丽芹）

教学目标

1．会写“冶炼”两个生字，能正确读写“露出、燃烧、挣扎、熄灭、冶炼”等9个词语。

2．理解女娲补天的原因，能按一定的线索复述故事部分内容。

3．了解叠词的作用，积累词语。

教学重点

抓住“围困”“挣扎”想象天塌地裂后的可怕景象。

体会叠词的作用。

教学难点

能按一定的线索复述故事部分内容。

教学准备

HiTeach课件、HiTeach智慧教室设备

积分榜评价贯彻整堂课

课前调出“积分榜”，挑选奖品（下面以奖汉堡为例），明确奖惩规则，调动学习积极性。（评价规则：以小组为单位，纪律好的小组一次奖励1～2个汉堡；写字姿势棒的小组奖励1～2个汉堡，特别棒的个人再奖励1个汉堡；发言特别积极的小组奖励1～2个汉堡，个人回答精彩的再奖1～2个汉堡；抢权答题成功的奖2个汉堡……）

一、抢权作答，引发兴趣

（一）看词语猜神话

师：同学们，我相信你们已经听说过很多很多的神话故事，老师首先想考考各位同学，请大家看词语猜神话，我看谁的反应快（IRS抢答）。

八月十五，仙药，飞翔

小鸟，衔石子，东海（大海　小鸟　淹死　女娃）

银河　鹊桥　纺织　人间

师：同学们，嫦娥奔月，精卫填海，牛郎织女这些都是我们中国古老的神话故事，从我们的祖先流传到现在已经有几千年了，它们是我国文学宝库当中的璀璨明珠，是一笔宝贵的精神财富。这节课，我们再来学习一篇感人的神话故事《女娲补天》。

（二）板书课题（提醒“补”的写法），读课题

师：看老师写课题，或者跟着老师一起写课题是一种很好的学习习惯！

（教师板书课题，学生跟写）

师：谁来读读课题？评价语预设：声音真响亮！字音真准！声音好听极了！

（三）了解神话故事的特点

师：那么，你知道神话故事最大的特点是什么吗？IRS抢答。

（师相机板书：想象丰富，神奇！）

师：神话故事最大的特点就是神奇！从这个课题来看，哪个词让你感到了神奇？追问：为什么？

师：补天的想法太神奇了！引导再读课题。

（四）读课题质疑

师：联系课前预习，你能不能围绕“补”提三个问题？

整理问题：女娲为什么要补天？怎么补?把天补好了吗？（起因、经过、结果）

【设计意图】学生学习新知识必有原有知识作基础。课前，教师如果能够找准新旧知识的联结点，让新旧知识建立起人为的实质性联系，从而帮助孩子实现认知的迁移，相信孩子一定能够学得轻松、高效。而设置了两处IRS抢答功能的使用，大大增加了孩子们的兴趣，让课程一开始就展现出良好的状态，学生在操作过程中比较兴奋，都在猜测到底是谁抢到了，抢到了能答对吗，能为他们的小组挣汉堡吗，因此，学生的注意力大大地提高，兴趣也非常浓厚，为下面的学习奠定了非常好的基础。

二、检查字词

（一）限时读文

孩子们，读书是解决问题的好方法，现在我们就先来读读课文吧！给你3分钟时间，完成以下2个任务。（计时3分钟。）

（1）读准字音，难读的字圈出来多读几遍。

（2）把句子读通顺。

【设计意图】计时器的使用起到了良好的督促作用。在以往的自读和小组合作环节中，很多学生并不能积极参与进来，而且没有时间的限制，学习效率很低。而本节

课中，计时器上时间在慢慢消失，学生会有一种紧迫感，相互督促、配合着完成任务，帮助学生养成良好的学习习惯。

（二）挑人读词，机会平等

师：通过预习你一定对课文有了初步的了解，敢不敢接受老师的考验？

词语会读了吗？下面，咱们采用挑人方式请同学来读词语，如果他读对了，同学们就跟他读两遍，如果读错了，请你举手发言，大声告诉他正确的。采用挑人方式，出示词语（四行词事先采用遮屏方式，读一行出示一行）：

轰隆隆塌下熊熊大火

露出冶炼缺少

熄灭纯青石大盆

燃烧围困挣扎

1．指名读，正音。

预设：①“轰隆隆”——ABB式读第一声。“轰隆隆”表示什么词？仿说象声词。

②多音字。

“露”是个多音字，还能读作lòu，组词“露马脚”“露馅”。

“挣”也是多音字，还能读作zhèng，组词“挣钱”“挣脱”全班齐读。

2．发现第四行词的特点？偏旁一样，这样的词有什么好处呢?等会我们再进一步领会。

3．理解词义：冶炼。

冶炼：①用焙烧、熔炼、电解、化学等方法从矿石或其他原料中取得所需要的金属。

②结合课文说说冶炼成什么？很稠的液体。

【设计意图】本环节采用挑人方式检查学生读词，把选择权交给电脑，公平竞争，省掉了有时老师点名。个别没被叫到的学生埋怨老师偏心的烦恼。挑人时，学生们那全神贯注盯着屏幕的模样可爱极了，等出现结果时，学生们又极注意地倾听这位同学的回答，看他（她）是否读准音了，随时准备挑错为自己小组争取挣汉堡的机会。遮屏方式逐行出现词语，十分有效地聚焦孩子的目光，孩子的注意力更集中了。

（三）指导书写，HiTA推送作品，及时点评

一看，二写，三对照，四修改。

书写时提醒同学们要注意写字姿势，三个一要做到。

推送学生作品，师生共评。（采用HiTA拍照推送学生的典型作业，师生共同评议。）

同桌互评，写得好的为同学画颗五角星表扬他，还不规范的帮他指出来，请他再写一遍。

【设计意图】学生在练习写字的时候，老师及时巡视，了解学生的书写情况，发现有典型

问题的作业和榜样性的作业立即打开手机的HiTA拍照，把典型作业推送到大屏幕，再引导学生共同评议、修改，达到自我提高的目标。

三、练习概括课文主要内容，IRS评价

同学们词语会读了，字也会写了，太了不起了。那么你还记得刚才的三个问题吗？下面请同学们看插图，带着这三个问题读课文，想想课文主要讲了一个什么样的故事，用最简洁的语言说清楚。小组为单位先练习，然后每个小组各派一人。IRS投票

小评委们，请你们认真听，听听这四个小组的回答。你认为哪一组概括得最简洁、最清楚，请你投上一票。

小结方法：①原来借助标题概括文章的主要内容是个这么好的方法。②借助刚才提出的三个问题概括：女娲为什么要补天？怎么补?把天补好了吗？把事情的起因、经过、结果说清楚，也是一种很好的方法。

【设计意图】为调动学生概括课文内容的积极性，避免课堂中教师只与个别学生交流，我安排小组为单位先练习说，然后各组派一代表说，比比谁说得最简洁最清楚。展示中请其余小组做评委，利用IRS功能进行投票，选出你认为最优秀的小组。在以往的教学中，当一位孩子或者一些孩子在展示的时候，其余孩子总是显得无事可做。有了IRS中投票功能的使用，让每一个学生真正参与到课堂中来，他的认真倾听、他的公正评价都将影响着参赛的小组，让学生有主人翁的意识，切实培养了孩子倾听、评价的能力及习惯。

四、品读第一段，感受“可怕”

（一）批注学习，知“补天原因”

1．下面我们就来解决同学们一开始提出的问题：女娲为什么要补天？

2．找找看课文中写女娲为什么补天的是哪些自然段。（第一自然段。）

3．请同学们默读第一自然段，用喜欢的符号勾画出女娲补天的原因。请一生上台在屏幕上勾画，其他学生自主读书勾画。

生看大屏幕交流，齐读：不知过了多少年，一天夜里，女娲突然被一阵“轰隆隆”的巨大响声震醒了，她急忙起床，跑到外面一看，天哪，太可怕了！远远的天空塌下一大块，露出一个黑黑的大窟窿。地被震裂了，出现了一道道深沟。山岗上燃烧着熊熊大火，田野里到处是洪水。许多人被火围困在山顶上，许多人在水里挣扎。

【设计意图】利用智慧软件的批注功能，直接让学生上台圈画句子，为学习及交流提供最大的方便。

4．能用一句话或一个词说说你现在的感受吗？生1：天哪，太可怕了！生2：可怕。（相机找中心句，了解总分结构）

哪些方面可以看出可怕？边读边在书上圈出，并指名上台圈出。

相机板书：天地山岗田野人

5．那么作者又是怎么把它们写具体的呢？请同学们自己读一读，你觉得哪些词能让你感受到可怕，通过这个词你想象到了怎样可怕的画面呢？

交流反馈时可请学生上台操作大屏幕与台下的学生交流自己的学习，教师在一旁相机引导调控。

（二）读懂叠词，感受可怕

同学们发现了么，在描写天塌的情景时，用了几个很有意思的词（词语变红：轰隆隆、黑黑的、一道道、熊熊大火），看，发现了吗？它们有什么特点？（发现了每个词都是两个重复的字组成的。）

师：像“轰隆隆、黑黑的”这样的词叫——叠词。我们，把句子当中的这些叠词去掉，对比着来读一读。看你有什么体会？读完后有什么不一样的感受？

师引导：同学们看，这个叠词，注意听：一道深沟，一道道深沟。（有什么不同？生：第一个只有一个字，没这么好。第二个有2个字很好。一道深沟就只有一道，一道道深沟就表示很多道深沟。）

引导小结：叠词的作用就是让我们体会到事物描写更加生动，更加真实，读来很有节奏感，你看用了叠词，深沟变得更（多了）天空显得更（深远了）窟窿显得更（可怕了）大火烧的更（旺了），又一次让我们深深地感到，天哪，太可怕了——引读。

（三）聚焦“围困”、“挣扎”，想象可怕

1．文中有两个词十分形象准确地写出了天塌地裂后人们所遭受的苦难，是哪两个词？IRS抢答。

出示句子朗读：许多人被火围困在山顶上，许多人在水里挣扎。

2．聚焦“围困”、“挣扎”，想象可怕。

读着读着，通过“围困”“挣扎”，你仿佛看到了什么？好像还有声音，你仿佛听到了什么？

引导学生想象人们在火海中逃生的画面，结合字形特点理解“围困”一词。

预设小结：同学们，许多人在哭喊、在扑火，在试图逃跑，可是他们却无处逃生，因为他们被大火——围困了。

结合字形特点理解“挣扎”一词，抓住动作引导学生想象人们在洪水中挣扎的画面。

3．写法迁移，课堂练笔。

以“许多人被火围困在山顶上”或“许多人在水里挣扎”为中心句扩写一段话，要求抓住“围困”或“挣扎”一词展开想象，描写人们在围困火海的画面或人们在洪水中挣扎的画面。提示要体现人物的动作、语言、神态等。

①学生写教师巡视，挑选优秀作品，拍照推送到大屏幕备评。

②对作品进行评析。

③用IRS评选最优作品，激励学生继续书作。

【设计意图】同时展示几位学生的作品，师生共同赏析。IRS选择器的使用，评选出最优作品，激励学生写出更优秀的作品，提高学生课堂练笔的兴趣。

五、课堂巩固，IRS选择，及时反馈

1．我会选。

【治 冶】①（ ）病　　（ ）炼　　答案：A. 治 冶　　B. 冶 治

【练 炼】②（ ）习　　锻（ ）　　答案：A. 练 炼　　B. 炼 练

运用IRS遥控作答，答后当场翻牌看答题情况及得分情况。

2．我是复述高手，IRS投票。

复述故事的第一部分：用自己的话说一说女娲补天的原因吗？

方法选择：①抓住“天、地、山岗、田野”这五个方面复述。

②抓住叠词“轰隆隆、黑黑的、一道道、熊熊大火”复述。

各小自由派代表上台复述。

全部复述完毕，IRS投票选出你心目中的复述高手（限5人内）。

【设计意图】1．采用IRS选题，测试学生对两组形近字的区分情况，既检查了本节课的学习效果，又及时了解各个学生的掌握情况，课后可有针对性地进行辅导。

2．引导学生抓住关键字词进行课文内容复述，利用IRS投票评选出“复述高手”，鼓励学生积极参与，训练学生复述课文的技巧，激发学习兴趣。

六、总结课堂，布置作业。

1．本节课，我们解决了上课时提的第一个问题——女娲为什么补天。课后请同学们找一找接下来两个问题的答案，女娲究竟是怎么补天的呢？

2．作业

①继续完善小练笔。

②抄写词语和印象深刻的句子

③阅读更多的神话故事

3．看“积分榜”，回顾本节课各组学生的表现。

【设计意图】积分榜的运用，整节课评价及时有效，始终贯穿课堂。而且不只是老师一人在评价，课中很多重要环节的评价都是由全班同学参与的，既体现了学生的合作精神，又突显了学生主人翁的地位。

专家点评

《女娲补天》一课能充分使用HiTeach智慧教室的设备，充分调动学生学习的积极性，尤其是字词教学部分扎实有效，在教学设计中还体现出对自主学习能力的培养和监督。对于第一段文字的教学充分体现了智慧教室的优越性，感官思维与动手能力相结合，注重学生动笔能力的培养，体现出读写训练的语文特色。这堂课内容丰富，若是更加扎实有效，应该再适当取舍，建议把写字的环节去掉或者把练笔的形式换成说一说，教学的目标达成就能更容易一些。

案例5：《北京亮起来了》教学设计

（福建省厦门市同安区阳翟小学　郭梨）

教材分析

《北京亮起来了》是人教版二年级下册第三单元的一篇课文，当太阳的光芒隐去，夜幕刚刚降临，北京就亮起来了，各式各样的灯汇集成海洋，看不到边，望不到头；各种色彩的光交相辉映，把北京变成了一座不夜城。作者不光感叹北京是“灯的海洋，光的世界”，而且还如数家珍似的把北京的灯光一一描述。灯光绚丽多彩，璀璨夺目；文中的好词佳句像那华美的灯饰一样，使课文也亮起来了。本课是小学生了解我国首都，学习语言，联系感情朗读的好教材。文章结构清晰，考虑学生的年龄特征，采用TBL团队合作学习模式：“布置任务—学生自学—小组讨论—全班汇报—评选优胜”。结合低年级学生喜欢的学习方式“看一看”“读一读”“说一说”“画一画”等，把学习的主动权还给学生，激发学生主动学习的热情，促进学生在综合、评鉴、创造等高层次思考能力，在学习中引领学生多元解读文本，使其获得言语的发展和精神成长的营养，达到学生乐学、爱学、会学的目标。

教学目标

1．正确认读本课9生字。

2．采用自主合作学习方式，让学生充分了感受首都北京夜晚的美景，激发学生对首都北京的热爱之情。

3．正确、流利、有感情地朗读课文。

4．品味课文语言，练习表达对北京的赞美。

学情分析

二年级的学生具有一定的识字能力，通过预习基本能准确，流利地朗读课文。由于年龄小，缺乏生活经验，加上理解能力的限制，语文文字的能力较弱。因此，教师要从儿童年龄特点出发，创造性地使用教材，创设各种生活化的情境，着力为学生创设一定的学习情境，使语言学习有所依附、凭借，如同建立了一个“场”，促进学习活动有效展开。

课前准备

布置任务，异质分组。

1.教师编制导学提纲布置学习任务，发布微课。

2.学生观看微课，根据提纲要求进行自学，并上传不懂的问题。

3.教师根据学生的预习情况与能力进行适当的分组，并让学生自己取组名。

教学过程

一、擦除显示，情境导入

1．擦除显示，直观感受。

师：哪位学生上台为大家表演一个神奇魔术？指名学生上台擦除出北京的夜景图。

师：这是北京的夜景图，你能用一个字概括它的特点吗？—“亮”

2．播放微课，交流感受。（课件：飞机起飞声）

师：让我们一起走近北京的夜景。

教师播放微课，学生观看。

师：你们觉得北京的夜景怎样？谁来说说？

归纳引导学生进一步理解“灯的海洋，光的世界”

3．相机板书课题：北京亮起来了（齐读）。

【教学意图】以“刮刮卡”的形式引入，极大地激发学生的学习兴趣，为下文的学习奠定良好的情感基础，同时让学生初步感受北京夜景的特点，借助题眼，直奔主题。

二、以学定教，检测梳理

（一）检测生字学习情况

1．小组内交流导学提纲的学习情况，互学互助，让每个成员都能理解学习结果。

2．以闯关的形式检测小组的生字学习成果，相机加分。

第一关：正字音，IRS投票选择字音。

灯光闪烁（suò　shuò）

绚丽多彩（xùn　xuàn）

一幢幢（zhuàng　dòng）

第二关：辨字形，挑人练习连线。

换	焕	优	犹
发	装	秀	如

第三关：解词义，结合图片理解“夜幕降临、绚丽多彩、川流不息、焕然一新”等词语的大概意思。

（二）借助思维导图，梳理课文内容

1．各组利用电子书包递交本组整合的思维导图。

2．教师汇总各组思维导图的成果，再推送给各组。

3．小组再次讨论交流，比较别组的做法。

4．随机挑选学生分享本组的思维导图成果，同组队员可补充介绍，别组可提问。

5．投票选择优胜组，积分榜加分。

【教学意图】识字写字是教学的重点之一，学生也具备一定的识字能力，根据孩子认为较难的字词，分别从音、形、义、三方面进行检测，以测定学，对于个别难字有针对地指导，提高课堂效率。概括内容对于二年级学生来说比较难，以思维导图为抓手突破了难点，学生在小组互学互助下，梳理了课文的内容，提高小组合作学习的能力，让学生在思辨中提高学生多方面学习能力。

三、小组合作，依趣引学

1．学生以小组为单位选择喜欢的方式和内容学习。

2．出示学习提示：

（1）自由朗读学习内容，找出你觉得美的地方，并想想美在哪？

（2）小组内交流学习体会，选择喜欢的方式汇报学习结果，并利用电子书包递交。

（3）美美地读一读喜欢的内容。

3．教师汇总各组学习成果，再推送给各组。

4．分组别上台汇报展演本组的学习成果，别组可补充，可提问，教师相机指导。

（1）幸运组：画一画，展示长安街。

小组通过图画展示长安街、天安门城楼、广场的具体位置。

问：作者把长安街比作了什么？为什么这么比呢？

老师相机带领大家看课件银河图片，使学生认识到银河星星特别多，在夜空中显得特别亮；长安街的灯特别多，特别亮，和银河很相似，所以作者把长安街比作银河。

（2）梦幻组：看一看，展示环形路和街道。

小组展示环形路和街道的图片。

教师相机指导观察立交桥夜景图感受“道道彩虹”，了解“犹如”的意思，并启发用“犹如”说一句话。

（3）雄鹰组：读一读，介绍让王府井、西单商业街。

小组朗读介绍。

讨论：看到这样的美景，你是怎么理解“不夜城”的？

（4）传奇组：说一说，介绍故宫。

小组资料补充：故宫是明清皇帝和他们的妃嫔、子女住的地方。故宫从修建到现在已经有好几百年的历史了，因此课文说它“古老”可为什么又说它年轻呢？因为故宫多次维修，焕然一新，因此又说它“年轻”。

5．IRS评分，即时反馈互评，选择优胜组，积分榜加分。

【教学意图】兴趣是最好的老师，学生以小组为单位选择自己喜欢的方式和内容进行感悟学文，再以小组为单位进行汇报交流，学生通过读一读、看一看、画一画、说一说等多种方式进行学习，学习氛围其乐融融，最后IRS投票评选优胜。所有学生参与投票，学生民主自由选择，自主点评。把学习的权力还给学生，每个孩子全程参与学习过程，并培养竞争意识和团队精神。

四、拓展延伸，网络书写

1. 师：北京是我们的首都，她历史悠久，文化底蕴深厚，谁来读一读课后的“我知道”？（挑人读课后“我知道”中介绍的北京小常识。）
2. 师：是呀，北京天天都在变，越变越美丽！请各组上网查找有关北京的图片、资料。
3. 小组递交收集的有关北京的图片、资料、书籍等。
4. 教师汇总各组学习成果，再推送给各组学习。
5. 分工合作，运用文中积累的好词好句，介绍北京其他景点的夜景，并递交给老师。
6. 教师汇总发送给各组，各组进行评议。
7. 挑组展示分享，IRS投票评选优秀作品，上传网络，积分榜加分。

【教学意图】让学生展示收集的有关北京的资料，既积累了知识，也培养了学生收集信息、运用信息的能力，为学生拓宽了语文学习的内容、形式和渠道。网络书写将课堂与生活、文本与经验有机结合，体现了教者的大语文教学观。

五、回归整体，升华主题

同学们，北京的夜景绚丽多彩，让我们骄傲，感谢美丽富饶的中国。让我们充满自豪地读一读：北京亮起来了。

【效益分析】以学生为主体，导学提纲为载体，巧用思维导图，加上白板强大的互动功能，学习过程变得更加活泼有趣，提高学生的学习主动性，实现了学生主动、生生互动、师生互动、的教学氛围。TBL团队合作学习模式中，学生自学、思考、讨论的时间增加了，学习的热情提高了，小组互帮互助的意识增强了，自学、沟通、评鉴、合作、创造等能力提高了，让学生乐学、爱学、会学。

附件：课文　北京亮起来了

每当夜幕降临，北京就亮起来了。整个北京变成了灯的海洋，光的世界。

长安街华灯高照，川流不息的汽车，灯光闪烁，像银河从天而降。天安门城楼金碧辉煌，光彩夺目。广场四周，彩灯勾画出一幢幢高大建筑的雄伟轮廓。

环形路上，一座座立交桥犹如道道彩虹。街道上，照明灯、草坪、喷泉灯、礼花灯，装点着美丽的北京。

焕然一新的王府井、西单商业街上，明亮的橱窗，绚丽多彩的广告，五光十色的霓虹灯，把繁华的大街装扮成了比白天更美的“不夜城”。

古老的故宫变得年轻了。一束束灯光照着她，长长的城墙和美丽的角楼倒映在河面上，银光闪闪，十分动人。

夜晚的北京，多么明亮，多么辉煌!

专家点评

TBL团队合作学习模式是一种比较新的学习方式。在设计中，教师能够关注到先进技术与教学的结合点，发挥IRS及时出结果的特点进行设计，使课堂成为生本课堂，老师是学生学习的指导者，如果能结合此项技术的特点，更多的展示技术优势，使每个学生都能从这样的互动课堂中有所收获，就更好了。

案例6：《数据的波动程度》教学设计

（陕西杨凌高新初级中学　陈党伟）

【知识目标】了解方差的定义和计算公式。

【过程和方法】理解方差概念的产生和形成过程。

【情感态度价值观】会用方差计算公式来比较两组数据的波动大小。

【重点】方差产生的必要性和应用方差公式解决实际问题。

【难点】理解方差公式。

教学过程

情景引入

农科院计划为某地选择合适的甜玉米种子。选择种子时，甜玉米的产量和产量的稳定性是农科院所关心的问题。为了解甲、乙两种甜玉米种子的相关情况，农科院各用10块自然条件相同的试验田进行试验，得到各试验田每公顷的产量（单位：t）如下表所示。

品种	各试验田每公顷产量/吨				
甲	7.65	7.50	7.62	7.59	7.65
	7.64	7.50	7.40	7.41	7.41
乙	7.55	7.56	7.58	7.44	7.49
	7.58	7.58	7.46	7.53	7.49

根据这些数据估计，农科院应该选择哪种甜玉米种子呢？

由实例引出问题，通过计算得出平均数 $\bar{x}_{甲}=7.537$，$\bar{x}_{乙}=7.526$，说明在试验田中，甲、乙两种甜玉米的平均产量相差不大．可估计这个地区种植这两种甜玉米的平均产量相差不大。

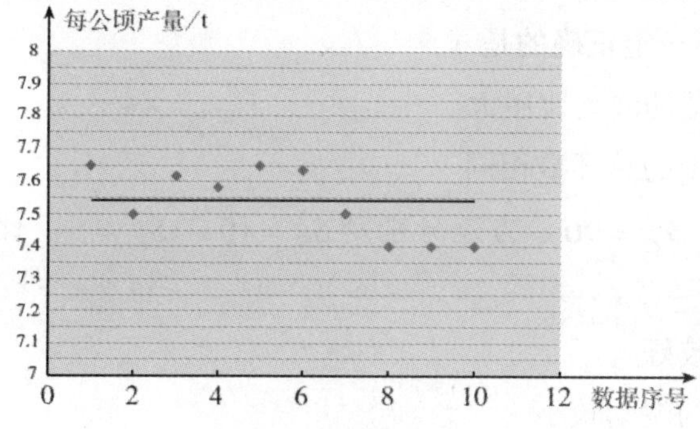

甲种甜玉米的产量

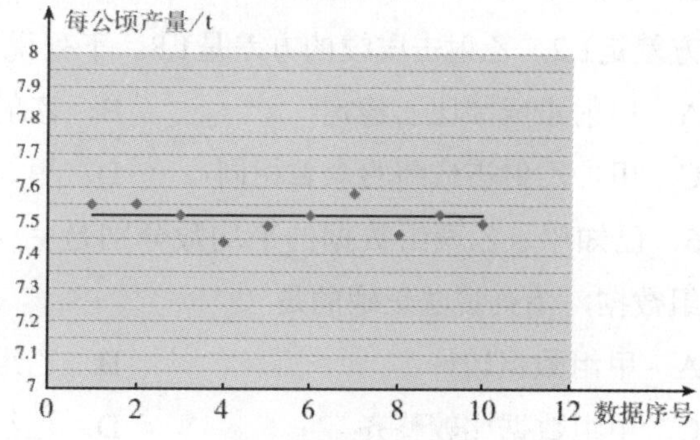

乙种甜玉米的产量

在统计学中，除了平均数、中位数、众数这类刻画数据集中趋势的量以外，还有一类刻画数据波动（离散）程度的量，其中最重要的就是方差。

提出问题：如何考察一种甜玉米产量的稳定性呢？

设有n个数据x_1，x_2，…，x_n，我们用$s^2=\frac{1}{n}\left[\left(x_1-\bar{x}\right)^2+\left(x_2-\bar{x}\right)^2+\cdots+\left(x_n-\bar{x}\right)^2\right]$来衡量这组数据的波动大小，称它为这组数据的方差。

结论：方差越大，数据的波动性越大；方差越小，数据的波动性越小。

利用结论得出：

$$s_{甲}^2=\frac{(7.65-7.54)^2+(7.50-7.54)^2+\cdots+(7.41-7.54)^2}{10}=0.00996$$

$$s_{乙}^2=\frac{(7.55-7.52)^2+(7.56-7.52)^2+\cdots+(7.49-7.52)^2}{10}=0.00248$$

最后得出结论：在试验田中，乙种甜玉米的产量比较稳定，进而可以推测在这个地区种植乙种甜玉米的产量比甲的稳定，综合考虑甲乙两个品种的产量和产量的稳定性，可以推测这个地区更适合种植乙种甜玉米。

测试环节

1．有一组数据：5，4，3，6，7，则这组数据的方差是（　　）。

A．2　　B．3　　C．4　　D．5

2．一个样本的方差$s^2=\frac{1}{10}\left[\left(x_1-20\right)^2+\left(x_2-20\right)^2+\cdots+\left(x_{10}-20\right)^2\right]$，那么这个样本的平均数是（　　），样本容量是（　　）。

A．10，10　　B．20，10　　C．20，20　　D．10，20

3．若一组数据1，2，x，4的众数是1，则这组数据的方差是（　　）。

A．1　　B．1.5　　C．2　　D．2.5

4．0，1，2，3，4的方差是（　　）。（此题利用挑人功能。）

5．甲、乙两人在相同的条件下，各射靶10次，经过计算：甲、乙射击的平均数都是8环，甲射击成绩的方差是1.2，乙射击成绩的方差是1.8。下列说法中不一定正确的是（　　）。

A．甲射击成绩比乙稳定　　B．乙射击成绩的波动比甲大

C．甲、乙射击成绩的众数相同　　D．甲、乙射中的总环数相同

6．已知甲、乙两组数据的平均数分别是$\bar{x}_{甲}=80$，$\bar{x}_{乙}=90$，方差分别是$S_{甲}^2=10$，$S_{乙}^2=5$。比较这两组数据，下列说法正确的是（　　）。

A．甲组数据较好　　B．乙组数据较好

C．甲组数据比较整齐　　D．乙组数据的波动较小

7．如果一组数据x_1，x_2，x_3，…，x_n的方差是4，则另一组数据x_1+2，x_2+2，x_3+2，…，x_n+2的方差是（　　）。

A．3　　B．4　　C．5　　D．6

8．如果一组数据x_1，x_2，x_3，…，x_n的方差是4，则另一组数据$2x_1+2$，$2x_2+2$，$2x_3+2$，…，$2x_n+2$的方差是（　　）。

A．13　　B．14　　C．15　　D．16

9．一组数据有n个数，方差为s^2，若将每个数据都乘以2，得到的方差是（　　）。（利用抢答功能，调动学生积极性。）

小组合作探究

甲乙两个车工加工直径尺寸要求为35 mm的同种零件，从中各抽取了8件，量得零件直径尺寸如下（单位：mm）：

甲：35.01，35.03，35.05，34.98，34.96，35.00，35.02，34.95；

乙：35.04，34.99，34.97，35.00，35.03，35.01，34.99，35.01。

（1）甲、乙两个车工加工零件直径的平均尺寸分别是多少？

（2）甲、乙两个车工加工零件直径尺寸的方差分别是多少？

（3）甲、乙两个车工加工的零件直径尺寸哪个更接近35 mm？

课堂小结：利用抢答器，学生抢答完成。

作业布置：课本122页第6题。

板书设计

数据的波动程度

1．背景引入

2．方差的公式

$$s^2=\frac{1}{n}\left[\left(x_1-\bar{x}\right)^2+\left(x_2-\bar{x}\right)^2+\cdots+\left(x_n-\bar{x}\right)^2\right]$$

3．课堂练习

4．小组合作

5．课堂小结

专家点评

这节课运用先进的智慧教育手段进行数学教学，使人耳目一新，有利于学生主动地进行观察、验证与交流等数学活动，倡导动手实践、自主探索与合作交流等学习的重要方式。这节课例题的情境活泼、数据不复杂，关键是抓住学生的认知冲突，让学生积极参与课堂的活动。而后的测试环节，能激发学生的学习热情，让学生能更认真地思考问题和解决问题，通过软件辅助作用的挑人、抢权等功能，为学生创建一个探索数学知识的氛围，让学生主动地去探索数学知识，从而激发学生探索数学奥秘的兴趣，培养学生主动获得数学知识的能力。并运用小组展示、评选优秀的功能，使学生的思维始终处于积极的、主动探究的状态，让不同层次的学生在学习中都得到不同程度的发展，增强学生学习的积极性，培养学生的探索精神和创新思维。

案例7：《一次函数与实际问题》教学设计

（陕西杨凌高新初级中学　胡娟）

学习目标

1．知识与技能：巩固所学的一次函数的定义、图象和性质，会用待定系数法求函数解析式，解决实际问题。

2．过程与方法：通过生活中的典型实例掌握用待定系数法求函数解析式的一般方法。

3．情感态度与价值观：在小组学习中，培养合作意识，使学生体会到数学来源于生活，生活问题可以用数学知识解决。

教学重难点

重点：巩固所学的一次函数的定义、图象和性质及待定系数法求解析式的一般方法。

难点：利用一次函数图象解决实际问题。

主要导学方法

1．联系生活，引导推理，归纳总结。

2．实践操作，自主探究，合作交流。

教学准备

HiTeach软件、PPT。

导学流程		成果记录	HiTeach软件、教具使用	设计意图
自主学习	活动一：复习导入回顾以前所学的知识，独立完成右边的内容	1．什么是一次函数？确定一个一次函数需要几个因素？是哪几个？ 2．已知一次函数$y=2x+1$，x取何值时，函数值$y=3$？ 3．从“形”的角度说“直线$y=3x+4$经过点（-1，1）”，把它改为从“数”的角度来叙述。	**计分板** 利用计分板的评价功能激发小组的竞争力，为高效课堂教学提供保证 **挑人** 挑人功能制造紧张气氛，激发学生注意力 **抢权** 抢权回答激发学生兴趣、竞争意识	1．通过回答问题，进一步明晰一次函数的相关知识，温故而知新；而且为本节课的学习打好基础 2．对于第2题，使学生初步体会到一次函数的问题可以转换成方程，为后续学习埋下伏笔 3．对于第3题，进一步让学生明确数形结合的思想，为本节课看图像做好准备

<table>
<tr><th colspan="2">导学流程</th><th>成果记录</th><th>HiTeach软件、教具使用</th><th>设计意图</th></tr>
<tr>
<td rowspan="2">合作探究积极参与总结规律</td>
<td rowspan="2">活动二：合作探究活动——探究一次函数与实际问题</td>
<td>例1：已知A、B两地相距90千米，某人骑自行车由A地去B地，他平均时速为15千米。
（1）求骑车人与终点B之间的距离y（千米）与出发时间x（小时）之间的函数关系。
（2）画出函数图象。
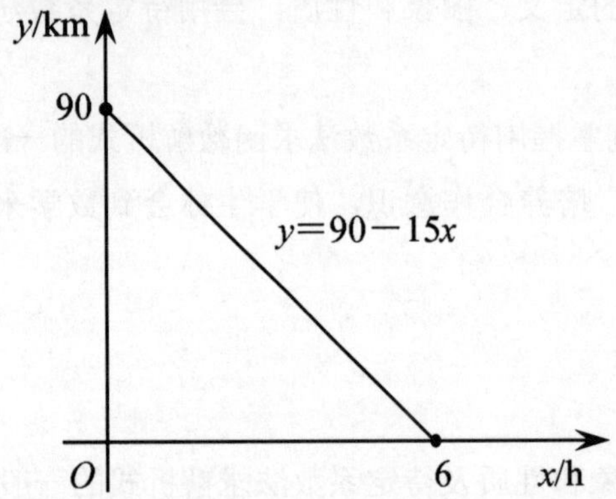

说明：由于函数图象是函数关系的反映，因此所画函数图象要与自变量取值范围相一致。本例中自变量x的取值范围是$0 \leqslant x \leqslant 6$，因此它的图象只是直线$y=90-15x$上的一条线段。</td>
<td>**计分板**
计时器
计时器的功能提高探究的效率
IRS反馈器
用IRS反馈器实现一对一的交流
HiTA功能
手机拍照学生探究过程中的两种典型作答（一正一误）推送至白板</td>
<td>例1的探究分为三步走：一是自己阅读例1，并尝试独立用剩余路程＝总路程－已通过路程列出等式；二是对子交流探讨，画出所求解析式的图形；三是利用IRS反馈器对老师收集上传的两种做法进行选择。</td>
</tr>
<tr>
<td>例2：为了保护学生视力，课桌椅的高度都是按一定的关系配套设计的。研究表明：假设课桌的高度为y cm，椅子的高度（不含靠背）为x cm，则y应是x的一次函数。下表列出两套符合条件的课桌椅的高度：
<table><tr><th></th><th>第一套</th><th>第二套</th></tr><tr><td>椅子的高度x（cm）</td><td>40</td><td>37</td></tr><tr><td>桌子的高度y（cm）</td><td>75</td><td>70.2</td></tr></table>
（1）求出y与x之间的函数关系式。
（2）现有一把高42 cm的椅子和一张高为78.2 cm的课桌，它们是否配套？通过计算说明。</td>
<td>**计分板**
学生平板拍照上传
学生平板拍照自己组内的解答过程推送至白板，师生共同点评
批注功能</td>
<td>例2让学生会用待定系数法求出实际问题的解析式，实现学习目标2，并会解决生活中的配套问题；使学生初步感受到数学来源于生活，服务于生活。同时8个小组的作品上传至白板，解答的规范程度，书写的工整程度等都一目了然，各组暗暗形成竞争，促使学生对自我各方面都自觉提高要求。</td>
</tr>
</table>

导学流程		成果记录	HiTeach软件、教具使用	设计意图
合作探究 积极参与 总结规律	活动二：合作探究活动——探究一次函数与实际问题	例3：甲乙两人同时从相距90 km的A地前往B地，甲乘汽车，乙骑摩托车，甲到达B地停留半个小时后返回A地，如图，是他们离开A地的距离y（km）与x（h）之间的函数关系图象。 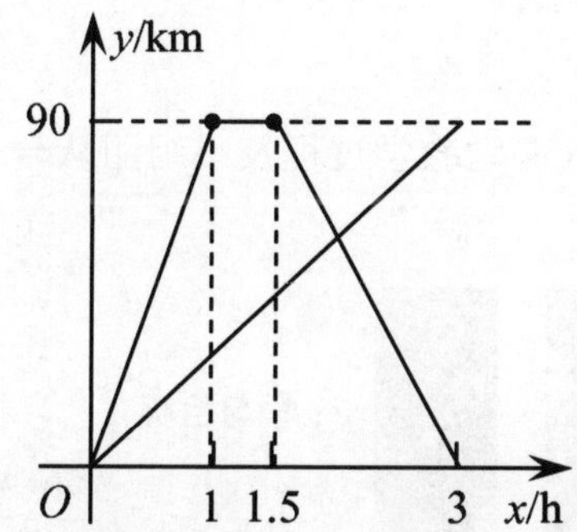 （1）求甲从B地返回A地的过程中，y与x之间的函数关系式，并写出自变量x的取值范围； （2）若乙出发后2 h和甲相遇，则乙从A地到B地用了多长时间？ **解题小结：** 解答图象信息题主要运用数形结合思想，化图象信息为数字信息。 主要步骤如下： （1）了解横纵轴的意义。 （2）从图象上判断函数与自变量的关系。 （3）抓住特殊点的实际意义。	**计分板** **计时器** **通用笔批注** **推送功能** 对于那些需要近距离的在原题上写写画画，较复杂的题目常常采用推送功能 **作品观摩** 采用推送功能，拍照上传，老师在这里只开四个席位，激发小组之间的竞争力，也阻止无限制的讨论影响上课时间	例3更关注学生运用数形结合的方法解决问题的能力。此处也分四步走：一是从图像中获得两个已知条件，用待定系数法求出函数解析式，再结合实际问题确定自变量的取值范围，答在平板上并及时上传；二是组间对最快上传的四幅作品进行点评批注；三是学生抢权获得对第二问的讲解权，当大家的小老师；四是归纳总结解题的一般方法，并对各个组的展评和倾听情况进行评价。
课堂小结自我评价	学生自主总结	1．【学习小结】（对当节知识进行梳理，形成知识体系） 我的收获： 知识： 能力： 情感： 我的困惑： 2．【自我评价】（在你本节课所完成的选项后面画上笑脸） A．我认真自学了 B．我主动探究了 C．我仔细倾听了 D．我积极展示了	**挑人飞迅** **计分板**	意图有三： 1．每组挑一人必须至少说一句自己本节课的收获，此举意在使人人都参与到课堂中来，有始有终。 2．学生可发自己的疑问共享，作为课后的思考题。 3．最后用计分板对所累积的得分进行排名，评出优秀小组、课堂明星，达到课课有评价、评价有落实。

教学实例“一次函数与实际问题”

本节课主要授课内容“一次函数与实际问题”。

学习目标：

1. 巩固所学的一次函数的定义、图像和性质；
2. 掌握用待定系数法求函数解析式的一般方法；
3. 利用一次函数图象解决实际问题。

现将本节课授课过程及智慧教室信息技术融入课堂教学过程及小组团队合作学习模式展示。如下：

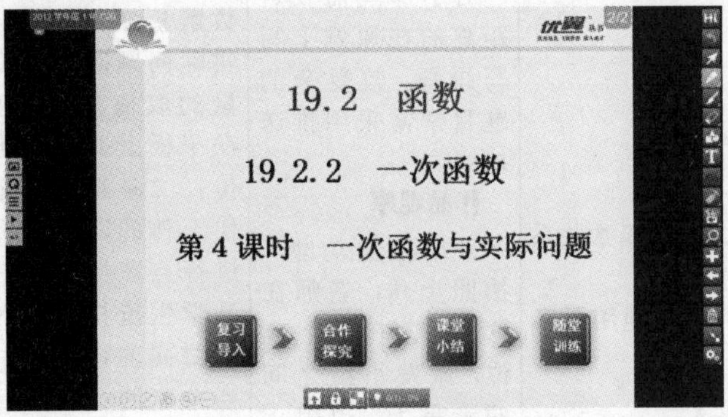

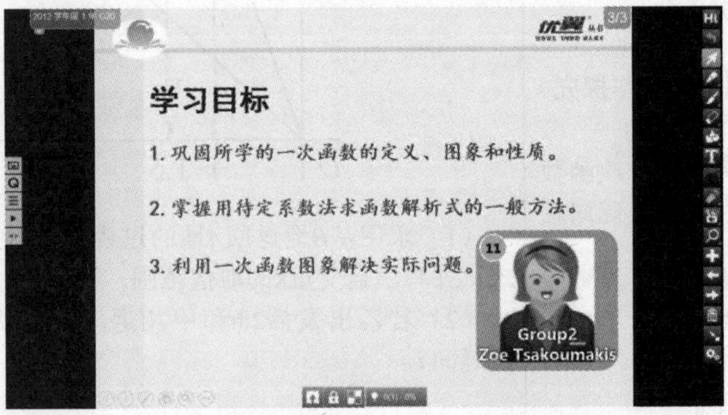

1. 运用智慧教室挑人功能，随机挑出学生朗读学习目标，引导学生进入课堂，以便提高学生注意力。

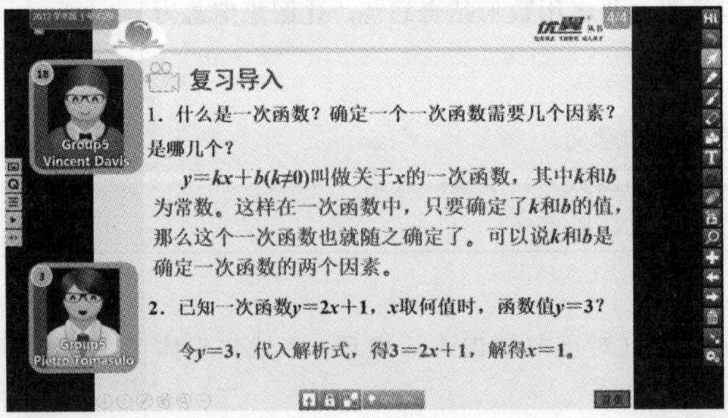

2. 再次利用随机挑人功能，督促小组学生进行思考回忆旧知识，为本节课学习新内容作好铺垫。

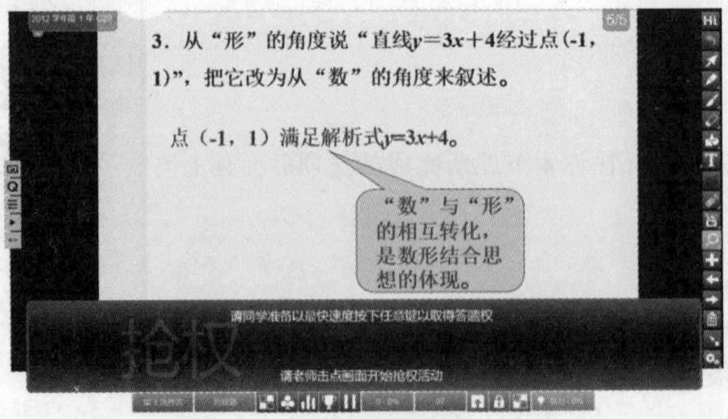

3．此题学生对答案均有一定的感知，运用智慧教室核心系统抢权功能，形成竞争氛围。

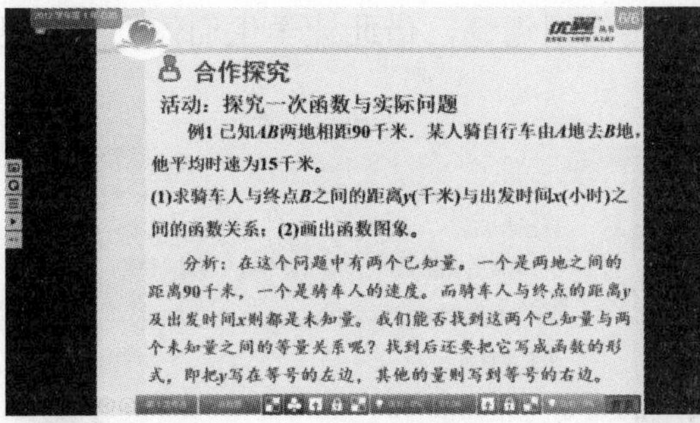

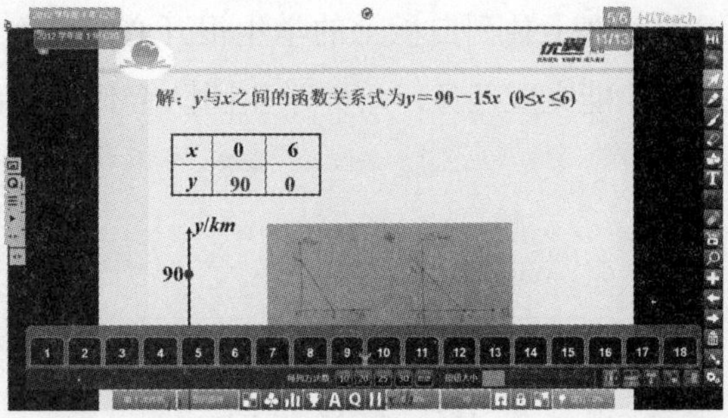

4．例1　让学生体会实际问题的函数图象，一般在第一象限，进行小组讨论，在此过程中教师巡查各小组讨论学习情况，并利用手机助教HiTA拍摄两类典型作答（一正一误）情况，上传至白板，以供全体学生给出最终判断，利用IRS即问即答功能进行一次作答，查看柱状图，明晰两种作答在班级所占的百分比，确定教师接下来讲授的重点。

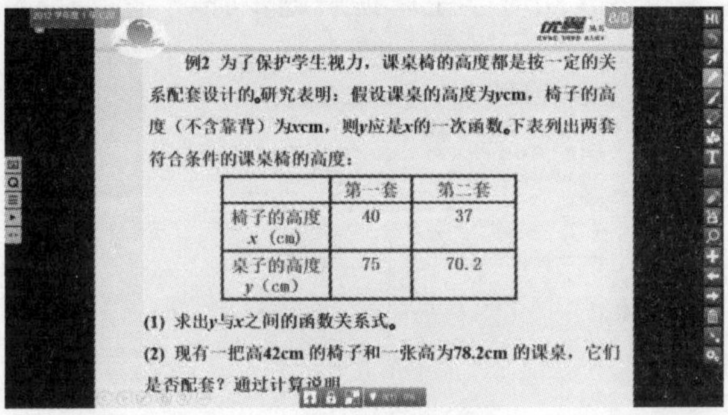

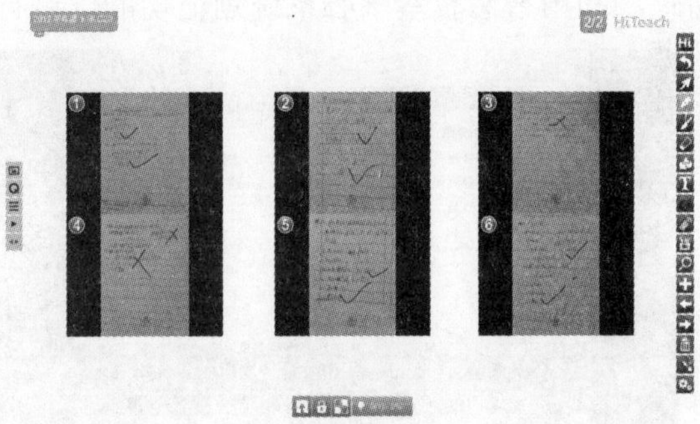

5．此题考查运用待定系数法解决实际问题的能力，通过各组学生手写解答过程，利用学生终端拍照上传，进行小组对比赏析，谁的解法更为规范，更为工整，形成良好的示范作用，进一步掌握用一次函数解决实际问题的能力。

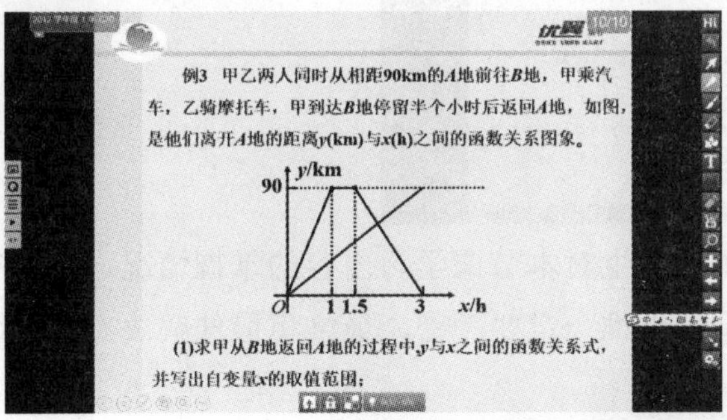

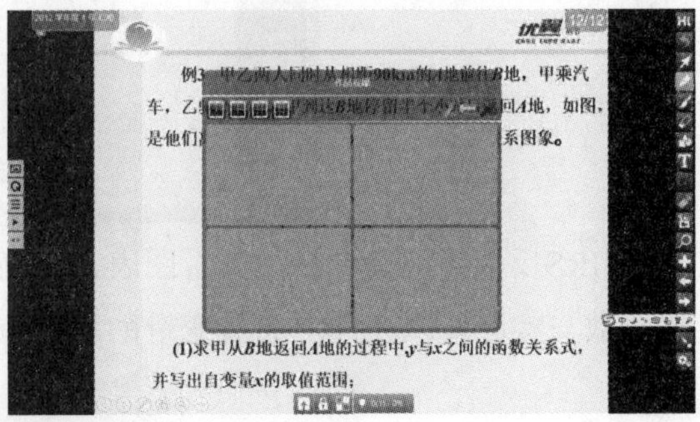

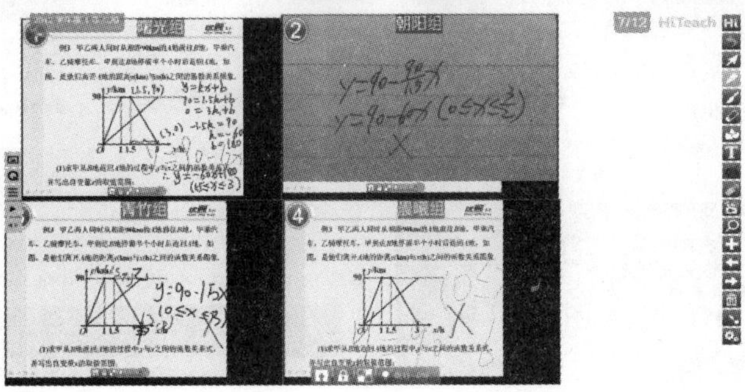

6．利用小组合作学习模式，利用作品观摩功能，限定接受范围，激发学生小组间的竞争性，能够将本小组的答案上传到白板上的学生很开心，然而没有上传的很遗憾，借此让学生们体会到要迅速高效的合作探究才能完成任务，培养学生团队合作学习的意识。

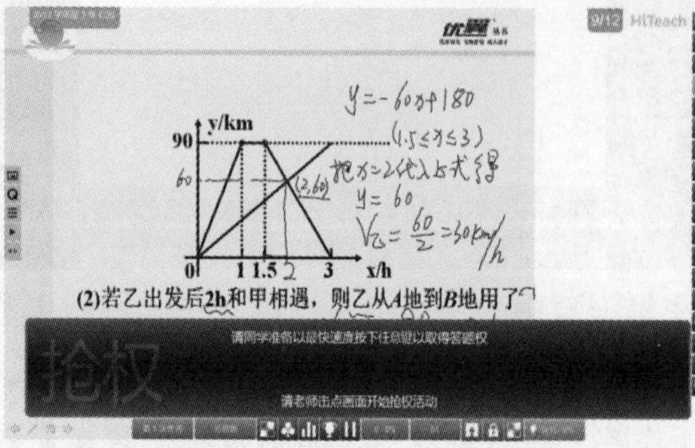

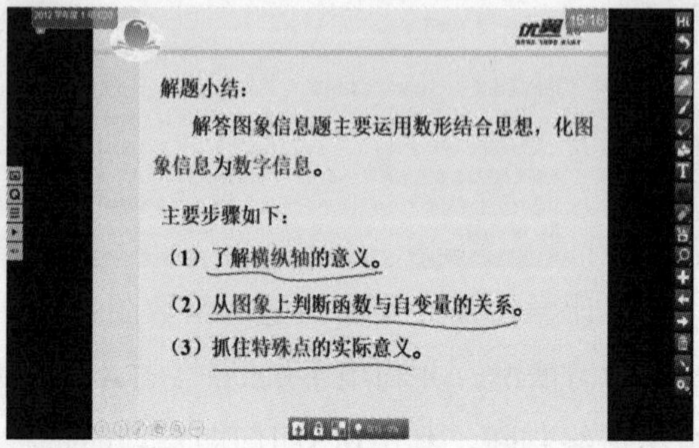

7．利用抢权功能，挑选一名学生在白板上对此题进行讲解，达到全部学生都知其然，并知其所以然。同时，利用智慧教室核心系统划记功能，进行屏幕批注，引导学生掌握解题步骤。

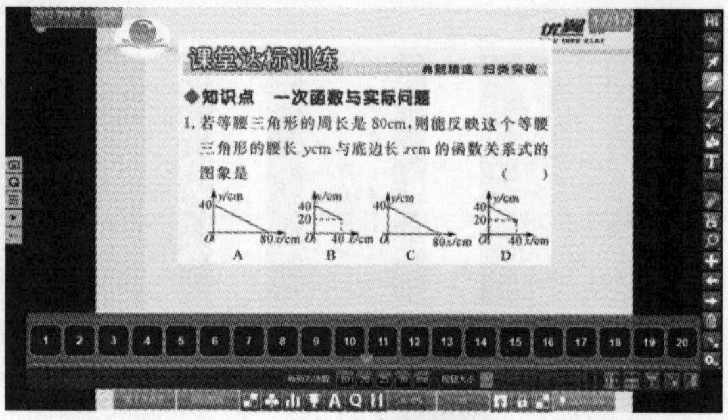

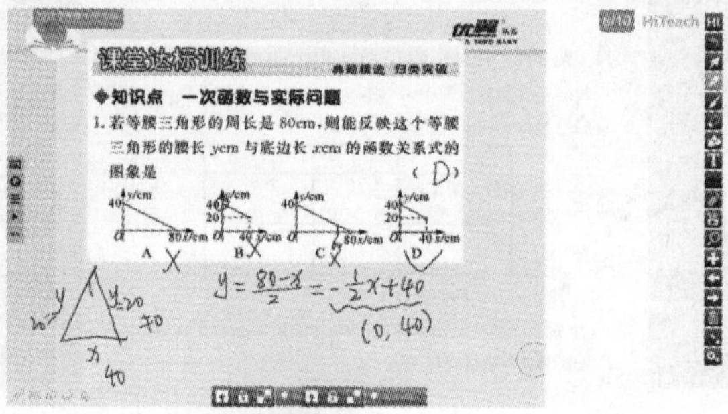

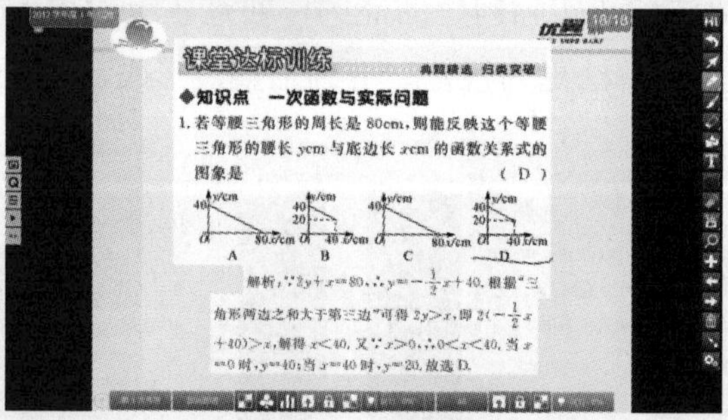

8．利用IRS反馈器进行作答，查看图表，清晰了解学生对本节课学习内容的掌握情况，并进行引导解决一次函数与实际问题必须考虑自变量的取值范围，思维一定要严密，最终将最佳解决方法予以讲解学习。

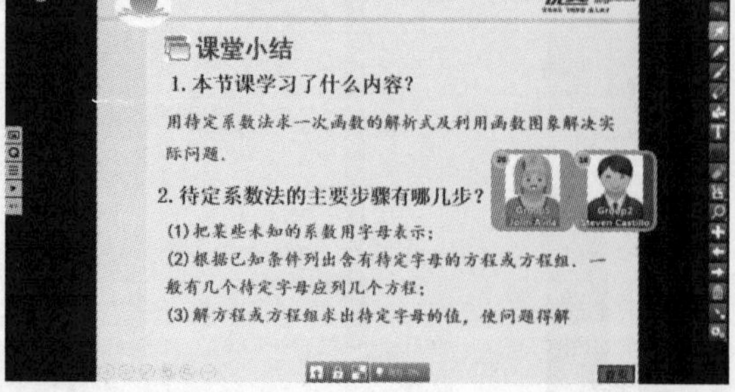

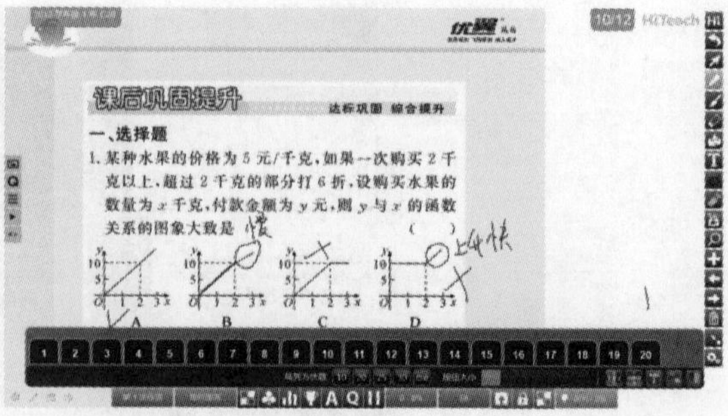

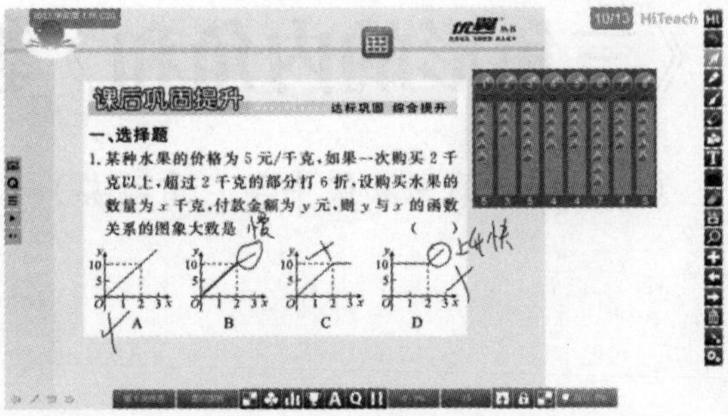

9．课堂小结，利用挑人功能进行小组教学内容的总结，小组分享对本节课归纳总结，最后以计分板查看各小组表现情况，组间评比得出优胜小组，同时选择优秀个人，予以相应奖励，培养学生的学习兴趣，以便于提高学生的学习积极性。

专家点评

这节课容量大，所学习的三道例题，由浅入深、层层递进。教学过程中渗透了转化和数形结合的数学思想，让学生体验了利用一次函数解决实际问题的过程。充分利用了HiTeach软件，利用挑人功能，关注到了每个学生，使每个学生能集中注意力，认真关注课堂。而HiTA拍摄功能能使教师及时了解学生掌握本节课的情况，抢权功能和IRS反馈器功能，能提高学生学习积极性，而计时器功能又能提高课堂教学的效率。

这节课充分运用了现代教学手段，更方便、直接、高效地展示教学内容，引导学生积极地参与到课堂教学活动中，充分发挥学生在教学过程中的主体地位，有助于学生创造性思维的培养，提高了教学质量。

案例8：《三角形的内角和》教学设计

（陕西杨凌第三初级中学　雷颖茹）

一、教学目标

1．知识技能

①探索并证明“三角形的内角和等于180°”。

②能运用三角形内角和定理解决简单问题。

2．数学思考

通过拼角、猜想、推理等数学活动，探索三角形的内角和，感受数学知识产生、发展和形成的过程，发展合情推理能力和语言表达能力。

3．解决问题

通过小组学习等活动经历得出三角形的内角和等于180°的过程，进一步提高学生应用所学知识解决问题的能力。

4．情感态度

在观察、操作、推理、归纳等探索过程中，发展同学们的合情推理能力，逐步养成和获得数学说理的习惯与能力。

二、学习者分析

八年级学生的特点是模仿力强、喜欢动手、思维活跃，同时也已学习了平行线的性质和判定及平角的定义，这就为学生自主探究、动手实验、讨论交流、尝试说理做好了准备。

三、教学重难点分析及解决措施

教学重点：理解并会应用三角形内角和的定理。

教学难点：三角形内角和定理证明过程的理解。

解决措施：最有效的学习方法应是让学生在体验和创造的过程中学习。因此本节课的难点是这样处理的，以自主学习＋合作探究为主导，以TEAM-Model智慧软件应用为手段，让学生在师生、生生的互动中，充分学习，最大限度地发挥动手实践和合作探索能力。

四、教学设计

教学环节	起止时间	环节目标	教学内容	学生活动	媒体作用及分析

1．屏幕批注，让学习过程清晰明了，形成轻松和谐的课堂氛围。

2．即问即答功能让每一个学生都独立地参与到了学习中来，再查看统计图准确体现了学生作答情况，让老师即时掌握了学情。

3．抢权、挑人功能是学生们最喜欢的方式，最能活跃课堂氛围，也能够让学生时刻保持注意力集中，积极思考所提问题，让学会的同学抢答，让不被老师注意的同学被选中，体现了教育公平和因材施教。

4．平板推送，让学生自主展示，分享收获，其他学生点评、质疑，关键点处教师点拨、理论指导。不仅展示了学生的收获，也可以设置较少席位，增强小组竞争力，提高课堂效率。

5．手机助教，让作业布置、错题赏析等过程方便、快捷，还可以把学生课堂的精彩表现留作纪念。

三角形的内角和

教学环节	教学内容	HiTeach软件、教具使用
一、情景导入	**想想，议议** 在一个直角三角形里住着三个内角，平时，他们三兄弟非常团结。可是有一天，老二突然不高兴，发起脾气来，它指着老大说："你凭什么度数最大，我也要和你一样大！""不行啊！"老大说："这是不可能的，否则，我们这个家就再也围不起来了……""为什么？"老二很纳闷。同学们，你们知道其中的道理吗？ 揭示课题：三角形的内角和	IRS按键抢答计分板
二、明确学习目标	齐读学习目标	计分板
三、自主学习	**自主学习** 1．三角形的内角和定理：三角形的三个内角的和等于（　　）°。 2．在△*ABC*中，∠*B*=70°，∠*A*=60°，则∠*C*=（　　）。 A．80°　　B．70°　　C．60°　　D．50°	挑人 即问即答
四、合作探究	**探究一** 请你通过相互讨论交流办法验证三角形的内角和 方法一：量一量 方法二：撕一撕，拼一拼 方法三：折一折，拼一拼 **探究二** 求证：三角形的内角和等于180°，你有哪些方法？	飞迅拍照、设置席位 计分板

续表

教学环节	教学内容	HiTeach软件、教具使用
五、简单应用	1．做一做：在一个三角形中，已知∠1＝140°，∠3＝25°，求∠2的度数。 2．下面每组三个角，不可能在同一个三角内的是（　　）。 A．15°　78°　87° B．55°　120°　5° C．90°　18°　102° 3．把一个三角形纸片剪成两个小三角形，每个小三角形的内角和（　　）180°。 A．大于　　B．小于　　C．等于	平板推送 挑人 即问即答 统计图（二次作答）
六、当堂检测	**判断下列说法对吗？** ①钝角三角形的内角和大于锐角三角形的内角和。（　　） ②在直角三角形中，两个锐角的和等于90°。（　　） ③在钝角三角形中，两个锐角的和大于90°。（　　） ④三角形中有一个角是60°，那么这个三角形一定是个锐角三角形。（　　） ⑤一个三角形中一定不可能有两个钝角。（　　）	即问即答，预设答案查看个人得分
七、课堂小结、作业与评价	这节课你有哪些收获？	挑人、抢权等功能

我与智慧教育的故事

2014年年底，一次偶然的外出学习，让我有幸参观了智慧教育、智慧课堂，同时也开启了我走向信息化教育的大门。一年多来，通过培训学习、课堂实践、赛教交流等活动，我由一名普通的年轻教师不断地成长起来，获得了智慧教育“智慧教师”等荣誉称号，更重要的是业务水平、业务能力得到很大提升和更多的认可。

一、冬·学记

临近年底，我们一行几十人来到了成都七中，参观了生动的智慧课堂，聆听了前沿的信息化教育理念，学习回来不久，我区教育局便组织了智慧课堂培训。虽说技术的门槛很低，可对于一个初出茅庐的青年教师来说，还是很有挑战性的，最大的困难就是如何在传统课堂中使用现代信息技术。唯一的选择就是多问、多学、多用，我们教育学生要不懂就要问，自己也应该放下架子，多和培训老师交流探讨，并及时运用领会。慢慢地一些简单的功能就很熟练了，还会去思考截取PPT屏幕和直接导入PPT的优缺点。六天的培训让我顺利完成一节展示课，并通过培训考试。

二、春·行记

新学期开学，教室里很快地安装了试用版软件，磨课老师也天天来学校手把手教技术，每周至少磨3节课活动，还有学校智慧课堂赛教活动以及全区智慧课堂赛教活动紧锣密鼓地展开。

对一线教师来说，除了要忙日常教学，还要应付各种赛教活动，更要担心这样的活动会影响了学生的学习，因为，这种技术就是在课堂上走秀，学生在本子上书写了几十年的习惯，现在却要在纸张大小的屏幕上书写，地方小，还字迹缭乱；一道简单的选择题，学生很快思考解答的事情，现在却要投票选择，查看统计图，翻牌点名分析，再二次作答。课堂是热闹了，可学生是在学习，还是在凑热闹呢？

三、秋·启记

《教育部教育信息化十年发展规划（2011～2010年）》的发展目标是：基本建成人人可享有优质教育资源的信息化学习环境。我省《教育信息化十年发展规划（2011～2010年）》也明确指出：教育信息化是时代发展的趋势，是教育现代化的重要标志，是构建现代国民教育体系和学习型社会的根本要求。

经过上一学期的实践探究，我发现学生成绩并没有退步，依然名列前茅，更重要的是学生的积极性和兴趣有了很大提高，学生一提起用设备，满眼都是兴奋和热情。

上至国家政策，下至学生的良好转变，我不得不承认，教育信息化是一段时期的教育新方向。作为一线教师，应该将这种新理念积极地应用到教学实践中去，探究信息化与教育的深度融合，提高学生的综合素质，让学生得到更自主的发展。

经历过各种各样的听课指导、赛课观摩、沙龙竞赛、课题研究、交流学习等活动，让我深刻地认识到，信息化教育不是简单的技术叠加，教学方式的花样转变，而是一种更好的深入学生内心、倾听内心需求的途径，是一种可以实现一对一的教学方式转变，使教育资源最大化的被利用的方式。

智慧模式说明

<table>
<tr><td>参加组别</td><td>☐班级智慧教室
☐电子书包智慧教室
☑TBL团队合作学习模式</td><td>☐小学组
☑中学组
（中学组含中学以上学校）</td><td>任教年级</td><td>八年级</td></tr>
<tr><td>教学单元</td><td colspan="2">11.2.1《三角形的内角和》</td><td>任教学科</td><td>数学</td></tr>
<tr><td>智慧模式简介</td><td colspan="4">本节课以电子白板、HiTeach软件及IRS反馈器、手机助教等信息技术为载体，以自主学习＋合作学习为方式，以关注每一个学生的发展为目标展开教学活动。</td></tr>
<tr><td>模式架构（流程图）</td><td colspan="4">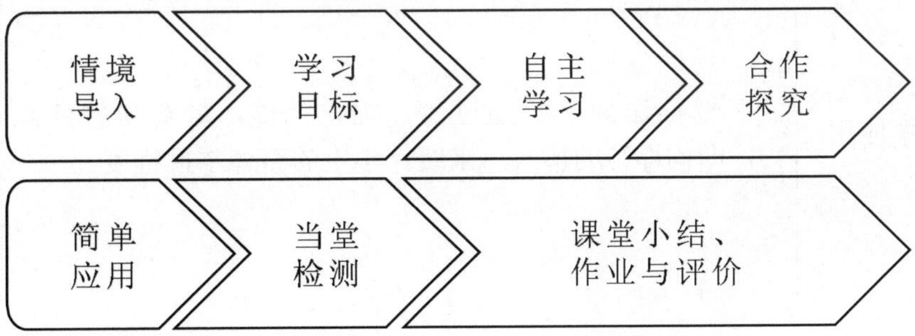</td></tr>
</table>

模式流程	步骤说明（40字内）	照片
一、情景导入	白板展示教学情境IRS按键抢答，计分板小组评价	
二、学习目标	白板展示学习目标，并批注重难点，针对各组参与度打分	
三、自主学习	挑人方式，检验自学活动是否人人参与，选择即问即答方式，检验自学活动的效果	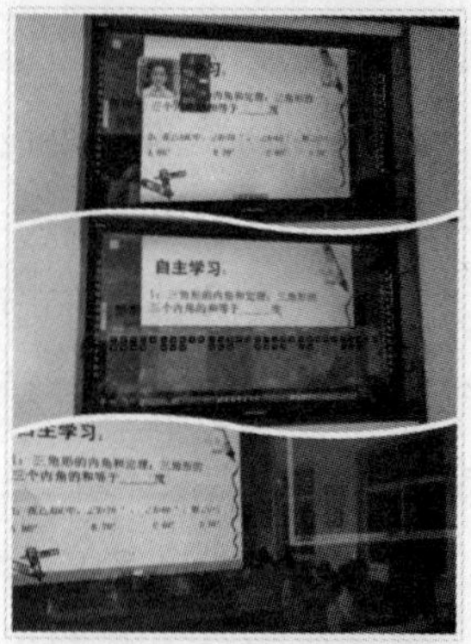
四、合作探究	飞迅拍照，展示小组合作结果，限制席位数和提高分值来鼓励各小组的精彩参与	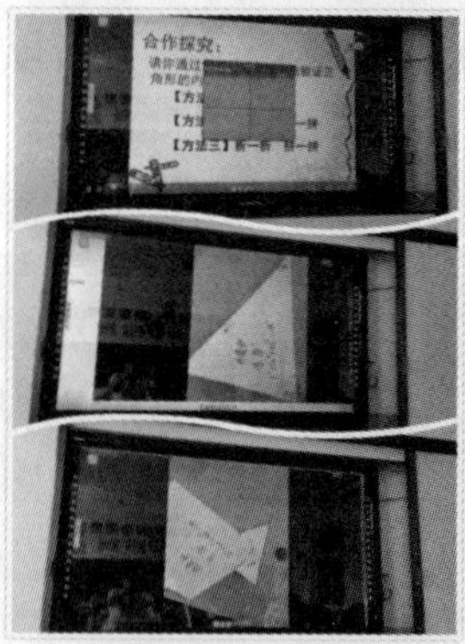
五、简单应用	平板推送规范解题过程，挑人功能，重新唤醒注意力，即问即答的形式，来统计学生的整体掌握程度	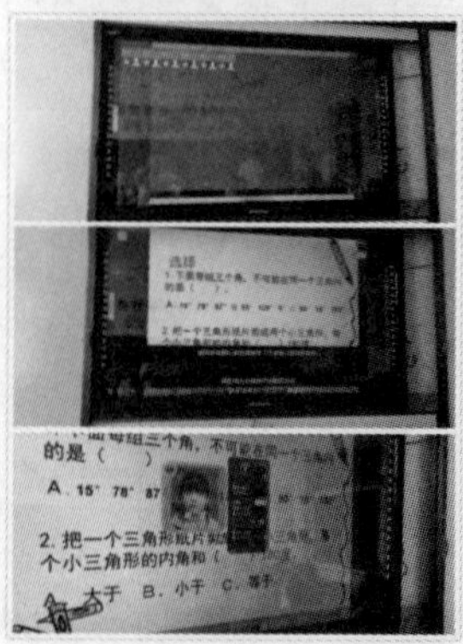

续表

模式流程	步骤说明（40字内）	照片
六、当堂检测	即问即答，自动累计每次得分，最后排出总分名次，准确掌握学情	
七、课堂小结、作业与评价	挑人、抢答、飞迅随机分配	

四　专家点评

这节课从学生已有的三角形的有关知识出发，通过量一量、撕一撕、折一折、拼一拼来探究验证三角形内角和定理，通过自主学习、合作探究，培养了学生的逻辑推理能力，增强了语言表达能力，其中练习题的设置，达到了检测学习效果的目的。随着时代的进步、科学的发展，传统的教学方法也随之更新，利用先进的智慧教育软件，以学生为中心的智慧教育变革是全球教育界未来发展的趋势。这节课采用了现代信息教育手段，增强了学生的学习兴趣，提高了学生的注意力以及参与课堂学习的积极性，给学生提供了更多的活动机会和空间，使学生在学习过程中得到充足的体验和发展。

案例9：《方向与位置》教学设计

（广东省深圳市福田区荔园小学　黄佳）

学习目标

1．运用指南针APP辨识东南西北四个方向。

2．结合实际环境，学习在生活中辨认东南西北四个方向。

3．体会“上北、下南、左西、右东”规定的必要性，会在地图上辨认方向，并能区分在地图上辨认方向与现实中辨认方向的区别。

4．会运用所学的方向词语描述熟悉的建筑物体所在的方向，在辨认活动中，发展初步的空间观念。

教学过程

一、课前活动：我说你做

老师：今天课前，我们一起来玩一个游戏，起立，我说你做。

左手拍左肩呀，右手拍右肩，左手摸右耳呀，右手摸左耳。抬抬头，转转头，看看左边是谁呀，点点头，摇摇头，向右转，看着前方笑一笑。向左看老师，勤动脑认真听，我们就要上课了！

学生跟着边说边做。

（通过课前活动，复习之前学过的前后左右，为本节课的学习做好铺垫。）

二、情境导入

老师：同学们，平时出行的时候我们都会坐各种各样的交通工具，黄老师会经常用滴滴打车，你们知道吗？

学生：知道。

老师：我通过滴滴打车，找辆车来接我，然后我支付车费。（指着投影上的手机截屏）平时我来学校都是往这个方向走的，所以我总会在电话里跟司机说：在上步中路，到人行天桥，往右转就到了！可有一天，我可遇到大麻烦了！有个司机问我：是往南走还是往北走？我傻眼了！这是往南还是往北呀！谁知道司机说的南北是指什么？

学生：是指南边还是北边，是方向。

老师：是的，东南西北可能是不常见，但现在，这位司机无论往哪边走都可以右拐，在这种情况下，我就得告诉对方是往南边走右拐还是往北边走右拐。所以，今天我想请大家教教我辨认东、南、西、北四个方向。下次，我就知道该怎么说了。

（情境导入以学生熟悉的手机打车APP为线索，将学习与生活相结合，学生更为熟悉，并在以后的生活中，能尝试用今天学习到的知识解决问题。）

三、结合生活所学，初步辨识方向

老师：在生活中，不借助工具，你能找到东面吗？

学生：太阳升起的地方就是东。

老师：知道了东边在哪，能不能确定其他的方向？

学生：和东相反的是西。

老师：在数学上，我们不把它叫相反，因为他们就像是面对面的好朋友，所以我们会说：相对，和东相对的那一面是西，请你再说一说。

学生：和东相对的那一面是西。

老师：如果我们把面向东时，前面是（东），后面是（西）。那南北在哪？

学生：左边是北，右边是南。

老师：你怎么知道的？

左边是南，右边是北，那南北这两个方向也是（相对的）。

一年级时你们学过这样的一首儿歌，你们还记得吗？请大家一起读一读。

学生齐读

老师：谁再来说一说，如果前面是东，那其他三个方向在哪？

学生：前面是东，后面是西，左边是北，右边是南。

老师：现在从左边的同学开始，和同桌说一说，如果前面是东，其他三个方向在哪？（1分钟）

老师：可是现在太阳早就出来了，这个时候，我们又能怎样辨认东南西北呢？有没有什么工具可以帮上忙呢？

学生：指南针。

老师：指南针？指南针怎么用的呀？

学生：针指向哪，哪就是南。

出示课件：

指南针是我们的祖先在两千多年前发明的，指南针是辨认方向的能手。不论把它放在地球的什么地方，它总是一端指南，一端指北，有了它人们就不会迷失方向了。

老师：大家看，这个指南针上，表示东南西北的是它们英文单词的第一个字母。

East	东	用字母E来表示
West	西	用字母W来表示
South	南	用字母S来表示
North	北	用字母N来表示

（初步辨认方向选择学生熟悉的课本知识和相关的生活经验入手，加深了学习与生活之间的联系，同时为后续的学习作好铺垫。）

一、结合学校环境，辨认方向。

1、小组合作，辨认教室的四个方向。

老师：现在在小组的平板上就装有一个指南针，请各小组同学利用平板上的指南针，找到教室里东南西北四个方向。优先找到的小组先坐好，我会请这一组3号同学上选一个方向，贴在教室的四个绿色的小点上。请注意：点赞只给会认真倾听并懂得尊重其他小组的同学。倾听和尊重很重要！

小组找方向（时间3分钟）

学生根据教师的提示贴标识：靠教学楼的窗户在教室的哪个方向？向着路的窗户在教室的哪个方向？教室的东面有什么？教室的西面又有什么？

2、巩固练习，熟悉教室内的四个方向。

老师：确认完方向，我们一起来玩游戏。当我说面向哪一面时，请迅速转向这一面，并要告诉我你前后左右，分别是哪个方向。

学生边听指令，边做动作。

全体起立，面向东面，现在你们前面是（东），后面是（西），左面是（北），右面是（南）。

面向北面，前面是（北），后面是（南），左面是（西），右面是（东）。

面向南面，前面是（南），后面是（北），左面是（东），右面是（西）。

面向东面，请坐！

（运用指南针APP，结合学生熟悉的教室环境，尝试找到方向，在体验中发展学生的空间思维，同时APP的运用也利于学生走出教室，并根据已学知识解决生活中问题。）

二、绘制地图，分辨地图上方向

老师：现在，你们能找到教室的东南西北，学校呢想请大家帮个忙，每年学校展都会在操场四周摆放摊位，你们能不能帮学校绘制一张操场地图，让每个摊位的负责，都知道自己的位置?操场四周有：升旗台、文化长廊、围墙A和围墙B。

前几天午读时我们已经做过实地考察，并且用平板拍下了照片，现在请小组合作，帮忙把这个图补充完整，方框内放置图片，括号处写方向。完成后组长推送到第一区，并且由小组4号的同学来汇报哪在操场的哪一面。

小组合作

老师：好，请你们小组来汇报。

学生小组汇报。

老师：我们看看其他组是不是也是这样的？（白板呈现多组小组作品，但填写的建筑方向有部分是不一致的。）

老师：哎呀，怎么有点乱呢？东南西北所对应的建筑是一样的吗？为什么摆放图片的位置有点不一样呢？

学生：因为大家东南西北的方向是不一样的……

老师：咦，那我们平时生活中看到的地图，好像都差不多呢？它们又有没有统一的方向呢？我们来看一下：这是世界地图，你知道在地图上，你能找到东南西北吗？

学生：上北下南。

老师：你怎么知道的？

学生：我爸爸妈妈告诉我的。

老师：你们同意？信不信？我不信，真是这样吗？你来证明一下？

学生：找南北极。

老师：还真是这样！哎，我们中国在哪，在这，那我们中国的正北面相邻的国家是（蒙古）。

老师：那我们再看看我们的中国地图，蒙古在哪？嘿！你还真说对了，蒙古就在上面，那说明，这也是（上北下南，左西右东）。

老师：不行，我还不信了。我还要再看看！我们再看看广东省在哪？广东省北面相邻的是（江西省）。

老师：我们来看看广东省地图，广东省北面相邻的是（湖南省和江西省），这张地图又是（上北下南，左西右东）。

老师：再来！我们来看，广东省深圳市北面相邻的是（东莞和惠州）。看来，果真地图都是按（上北下南，左西右东来标示的）。

那现在你们能不能帮忙调整一下，在练习纸上按照上北下南，左西右东的方向写上操场四周建筑的名称，不会的字可以写拼音。

学生独立完成，教师巡视。

学生展示并汇报自己的作品，全班交流。

【通过绘制学校地图引起问题冲突】：如果画的地图不一致，如何帮助他人辨识?从而体现地图统一方向的重要性。但是是不是所有的地图都是按上北下南左西右东进行定位的，就需要和学生一起通过各类地图进行检验，而呈现的地图也要与同学们熟悉的国家和城市结合起来。

三、结合生活实际，学习在生活中辨认方向

老师：其实在生活中，除了用同学们刚才说的这些方法，还有一个很特别的工具能帮大家辨认东南西北，你们看：这是什么？这是路牌。

学校门口的上步中路路牌上写了（南，北）。

这是我们学校门口同福路，路牌上也写明了（东，西）。

那我们学校周边还有一些地方，记住它们的方向，以后也能帮助我们辨认方向。

学生活动：

老师：通心岭社区图书馆、深圳市社会科学院、园岭派出所、深圳会堂，它们又是位于学校的哪一面呢？请组长打开高德地图，和同学们找一找。

学生小组活动，结束后由小组代表汇报。

老师：在生活中，其实同学们如果迷了路，就可以这样借地图定位，帮助自己指路。但之前一定要先辨认好东南西北，你们既可以使用指南针，也可以看路牌。我就是那种经常看地图，但因为没分清东南西北而走错方向的人。

（学习最终是要回归生活，让学生学有所得，将常用的地图APP也带入到课堂中，更有利于学生在离开课堂之后，也能进行学习活动，并将学习活动与生活相结合，培养学生的信息技术素养和解决问题的能力。）

四、小结

今天非常感谢大家的帮忙，如果下次还要叫车，我应该告诉司机是向北走往右拐，还是向南走呢？谢谢大家。

好。这节课我们接近尾声，谁来说一说这节课的收获？

学生交流本节课学习收获。

（通过学生的自我总结和汇报，回忆本节课的学习内容。）

智慧模式阐述

<table>
<tr><td>模式架构
(流程图)</td><td colspan="4">教学前测 ⇨ 任务推送 ⇨ 团队研习 ⇨ 成果展示 ⇨ 数据分析发现问题</td></tr>
<tr><td rowspan="2">模式说明</td><td colspan="2">模式流程</td><td>步骤说明（40字内）</td><td>照片</td></tr>
<tr><td>步骤一</td><td>教学前测</td><td>教师在备课前，会给学生做前测，根据学生的实时反馈进行备课</td><td>
</td></tr>
</table>

续表

	模式流程		步骤说明（40字内）	照片
模式说明	步骤二	任务推送	我们运用TBL系统将任务推送给学生，让学生共同研究学习内容	
	步骤三	团队研习	学生一起到操场将操场的四个方向拍摄下来带到课堂上学习东、南、西、北四个方向；接着运用HiLearning对自己的作品进行调整或标示，再上传到TBL教学平台	
	步骤四	成果展示	学生进行小组成果展示，和其他小组分享自己的学习成果；能过全班共同交流讨论，最后完成学生的学习过程	
	步骤五	数据分析发现问题	将数据上传到IES云端系统，由系统进行数据分析，以便教师能更好地了解学生在不同知识点的掌握情况及教师问题设置的难易度；同时家长也可以随时登录查看孩子的学习情况	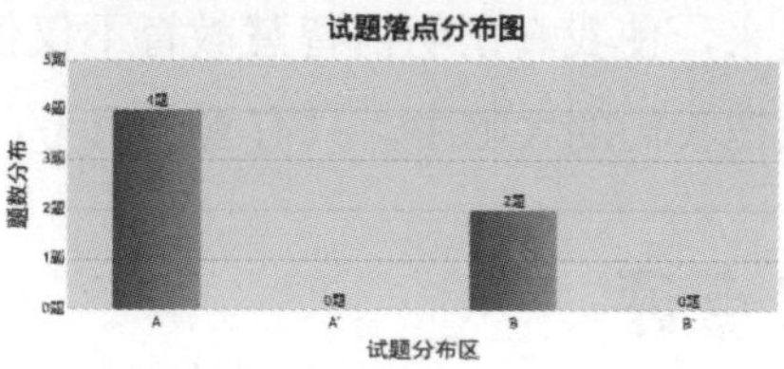 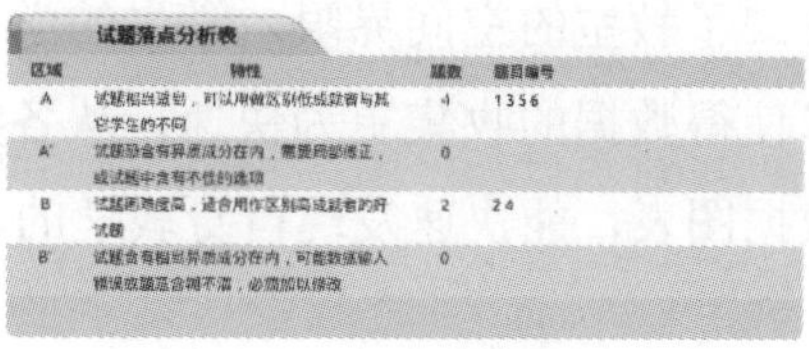 试题落点分析表 区域 | 特性 | 题数 | 题目编号 A | [illegible] | 4 | 1356 A' | [illegible] | 0 | B | [illegible] | 2 | 24 B' | [illegible] | 0 |

效益分析

近几年，通过TBL教学模式，将学科教学与信息技术融合在一起，打破了教室的空间界限，学生的学习与生活更贴近。

另一方面，TBL背后的数据分析系统也让教学工作发生了改变：

1．教师备课的关注度有所不同。以往教师的备课更多的是从教材出发，研读教材，现在可以在此基础上，更多地在研究学生的学情，将研读教材与分析学情有效地结合在一起。

2．数据的收集更为快速便捷。以往教师需要通过大量的批改去检查学生的完成情况，但现在通过对知识点的分类，观察数据图表，能快速地发现自身教学的不足及学生存在的问题。

3．教师的反思不再仅仅依靠主观性的文字总结，而能从图表中发现每节课已解决和未解决的知识点。

总之，我们在摸索中前行，希望在数据时代中，用数据来推动教学。

智慧课堂感想

开始成为TEAM Model智慧教室的践行者始于2013年年底，从IRS反馈系统进课堂到TBL教学模式的形成，一路走来，有困惑、有艰辛，也有喜悦与享受。一个新生事物打破传统教学，需要教师愿意尝试的初心，坚持不懈的耐心，更要有勇于创新的决心。

一开始，我们只是简单地运用IRS反馈系统进行课堂教学，这是一个磨合期，所以存在很多问题，包括为用系统而用系统，课堂过于花哨，上课效果不佳等问题。但慢慢地，一切都变得非常自然，同时由于IES云端补救系统的介入，智慧课堂的教学模式也一步步趋向成熟。我们从数据的角度出发，发掘课堂教学亟待解决的问题，从而提高课堂的教学效率。

而接下来为TBL智慧教学系统与课堂教学的深度融合，使得智慧课堂的发展更迈向一个新台阶。课堂上学生也给我们带来一个又一个的惊喜，运用平板打破教学的空间与时间限制，学生的学习活动更贴近于生活，在做中学，在学中玩，在玩中悟。

一路走来，使我真正明白智慧教育不仅仅是依靠一套教学系统，更重要的是教师智慧的思考，真正的智慧就藏在我们的大脑中。只有善于思考，才能活用系统，从而找到属于教师个性化的智慧教学。

专家点评

该节课将信息技术、智慧教学系统与学科教学充分融合在一起，将研读教材与分析学情有效地结合在一起，打破了教室的空间界限，学生的学习与生活更贴近。另外，教学中充分利用数据来推动，应用信息化技术使得数据的收集更为快速，从各类信息图表中能很快发现每节课已解决和未解决的知识点，通过观察数据图表，能快速发现自身教学的不足及学生存在的问题，使下一步教学更有针对性。

案例10:《长方形和正方形的周长》教学设计

（福建省厦门市同安区阳翟小学　叶小云）

一、教学目标、教学重难点

1．通过教学，使学生理解长方形和正方形的周长的计算方法，培养学生的抽象概括能力。

2．使学生熟练掌握长方形和正方形的周长的计算方法，并能运用所学知识解决生活中的实际问题。

3．通过合作学习，培养学生积极参与数学学习活动的兴趣及对数学的好奇心和求知欲。

教学重难点：

掌握长方形和正方形的周长的计算方法，并能运用所学知识解决生活中的实际问题。

二、学习者分析

三年级学生已初步认识长方形和正方形，在本单元的学习中，学生认识“周长”，更进一步了解长方形和正方形边、角的特点，在此基础上，利用扣条及白板软件进行教学，突破重难点，使学生更好地理解和掌握长方形和正方形的周长求解方法。

三、教学重难点分析及解决措施

重难点：掌握长方形和正方形的周长的计算方法，并能运用所学知识解决生活中的实际问题。

解决措施：运用学具扣条，帮助学生理解长方形和正方形的周长求解方法；利用HiTeach软件中IRS按键作答，实时了解学生的学习情况，调整教学，提高学生对知识的掌握水平。

四、教学设计

教学环节	起止时间（时:分:秒）	环节目标	教学内容	学生活动	媒体作用及分析
一、复习旧知识，奠定基础	00:00:50～00:03:50	巩固基础	周长和图形的特点	独立作答	1．IRS按键作答； 2．随机挑人作答； 3．积分榜奖励机制，调动学生兴趣。
二、合作学习，探究新知识	00:05:00～00:27:00	探索并掌握长方形和正方形的周长的计算方法	长方形和正方形的周长	小组合作、学生探究交流汇报、集体辨析、多次作答	1．手机推送学生作品； 2．集体辨析，IRS按键作答，根据生成再次投票作答； 3．及时推送学生的练习情况； 4．根据课堂生成，及时利用IRS投票辨析。

续表

教学环节	起止时间（时:分:秒）	环节目标	教学内容	学生活动	媒体作用及分析
三、学以致用，实际运用	00:28:00～00:37:00	考查学生掌握情况	运用所学知识解决生活中的实际问题。	独立思考组内合作讨论辨析作答	IRS作答，对学生的作答情况及时调控，学生掌握较好的知识点可节约时间不作强调，对作答结果中薄弱处进一步讲解，提高教学效率。
四、全课总结，分享收获	00:37:00～00:40:00	分析学生本节课掌握情况	根据数据图表分析学生本节课掌握情况	观察数据，心得体会	根据本节课学习活动得到的数据，全班反思，课后辅差导优。

课题：长方形和正方形的周长

教学环节	教学内容	HiTeach软件、教具使用
一、复习旧知识，奠定基础	1．周长你能找到图形的周长吗？ （课件展示）封闭图形一周的长度，是它的周长。 2．长方形和正方形的特点。 长方形：对边相等，4个直角； 正方形：四条边都相等，4个直角； 揭示课题：长方形和正方形的周长。	计分板 挑人 IRS选择 遮罩、拖拉、抢权回答
二、探究新知识，合作学习	**小组合作，探究新知识。** 选择你手中的扣条，组成一个长方形（长：8 cm，宽：5 cm）和一个正方形（边长：7 cm）。想想算算，它们的周长分别是多少呢？记录在学习单上。 **学生汇报，生生评价。** 这几种方法哪种最简单呢？小组合作讨论，选择方法求花坛的周长。（长5米，宽3米。） 比比看看哪个小组的方法最简便。 学生抢答，汇报小组的方法。 **集体辨析，师生小结。** 长方形的周长：（长＋宽）×2 正方形的周长：边长×4	手机拍照学生作品 推送至白板 小组成员汇报 结合扣条展示 IRS投票：二次投票 抢答 手机推送学生作品

续表

<table>
<tr><th>教学环节</th><th>教学内容</th><th>HiTeach软件、教具使用</th></tr>
<tr><td>三、巩固练习，实际运用</td><td>算一算、选一选
1．边长为4厘米的正方形，周长是多少？
4+4=8（厘米）
4×4=16（厘米）
4×2=8（厘米）
2．一个长方形的宽是4厘米，长是宽的3倍。这个长方形的长是多少厘米？
4×3=12（厘米）
3．周长是多少厘米？
4×3=12（厘米）
（4+12）×2=32（厘米）
（4+3）×2=14（厘米）
4．一块长方形菜地，长6米，宽3米。四周围上篱笆，篱笆长多少米？
（6+3）×2=18（厘米）
5．这块菜地一面靠墙，其他三面要围上篱笆，篱笆至少要多少米？
（6+3）×2=18（厘米）
6×2+3=15（厘米）
3×2+6=12（厘米）</td><td>IRS作答
挑人/抢答
IRS作答
小组讨论辨析
再次投票作答
IRS作答
IRS作答
小组讨论辨析
再次投票作答</td></tr>
<tr><td>四、全课总结，分享收获</td><td>通过今天的学生你有什么收获？
知识：
长方形的周长：（长+宽）×2
正方形的周长：边长×4
体验：问题——探索——解决——结论
眼看、耳听、善思、会说、动手</td><td>抢权回答
挑人回答</td></tr>
</table>

智慧模式说明

<table>
<tr><td>参加组别</td><td>☐班级智慧教室
☐电子书包智慧教室
☑TBL团队合作学习模式</td><td>☑小学组
☐中学组
(中学组含中学以上学校)</td><td>任教年级</td><td>三年级</td></tr>
<tr><td>教学单元</td><td colspan="2">《长方形和正方形的周长》</td><td>任教学科</td><td>数学</td></tr>
<tr><td>智慧模式简介</td><td colspan="4">本节课结合电子白板、HiTeach软件及IRS按键、手机HiTA APP展开教学，主要为五个教学环节：复习旧知识、随机检测；探究新知识、拍照推送；上台展示、交流汇报；学以致用、IRS作答；全课总结、诊断分析。这样的教学实现学生主动、师生互动、课堂生动的氛围，提高数学课堂的教学效率。</td></tr>
<tr><td>模式架构
(流程图)</td><td colspan="4">
</td></tr>
<tr><td rowspan="3">模式说明</td><td colspan="2">模式流程</td><td>步骤说明（40字内）</td><td>照片</td></tr>
<tr><td>步骤一</td><td>复习旧知识
随机检测</td><td>运用“随机挑人”“IRS”测试学生对上一节课内容掌握的情况，检查学生旧知识掌握情况，展开教学。</td><td>
随机挑人，复习旧知识，展开教学</td></tr>
<tr><td>步骤二</td><td>合作探究新知识拍照推送</td><td>在学生合作探索的过程中，老师利用手机HiTA软件，及时有效地捕捉学生的作品，并推送至白板。</td><td>
合作探究，教师巡视，拍照作品

手机推送，作品呈现</td></tr>
</table>

续表

	模式流程		步骤说明（40字内）	照片
模式说明	步骤三	上台展示 交流汇报	学生上台展示探究结果，全班进行交流，形成课堂上的互动性。	 上台展示，全班交流，集体辨析  互动生成，投票选择，形成新知识
	步骤四	学以致用 IRS作答	学生读题，根据要求，利用IRS按键作答选出合适的答案，即时显示统计图表和清晰的百分率，清楚了解教学效果。	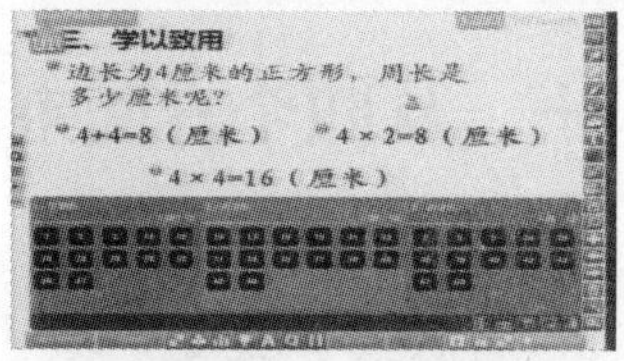 呈现题目，IRS作答  展示统计图表，了解教学效果
	步骤五	全课总结 诊断分析	根据统计分析结果，进行诊断学生学习分析，更精进的了解学生的学情，课后辅差导优。	  展示个人、小组得分情况，课后针对性补救

续表

效益分析	1．利用“挑人”随机性的了解学生的旧知识掌握情况； 2．学生探究新知识，主动学习；教师利用HITA软件，手机拍照推送，有效提高教学效率，节约课堂时间； 3．IRS实时作答、抢答功能，增强学生学习的主动性、积极性、参与性，化被动为主动，培养学生的自学能力，提高学生的学习能力。 4．促使学生勇于展现自我，分享学习成果，提升学生表达能力，营造课堂的互动性、生动性。 5．利用“显示做答”、“显示图表”“显示总分排名”，能了解全班学生作答情况，调控教学进度，适时掌握学生学习情况，并根据诊断分析功能进行针对性补救活动。 6．软件的鼓励机制很大程度调动学生的学习兴趣及竞争意识。

智慧课堂——《长方形和正方形的周长》

本节课是人教版三年级上册的《长方形和正方形的周长》，下面让我带着大家走进这节技术与学科融合的数学课。

一、从四个方面来说说这节课技术与学科的融合

1．教学目标、重难点。

2．智慧教学模式。

3．学科与技术的融合体现。

4．技术应用的效应及反思。

（一）教学目标、重难点

教学目标：

1．理解长方形和正方形的周长的计算方法，培养学生的抽象概括能力。

2．能运用所学知识解决生活中的实际问题。

3．培养学生积极参与数学学习活动的兴趣。

教学重难点：

掌握长方形和正方形的周长的计算方法，并能运用所学知识解决生活中的实际问题。

（二）智慧教学模式

环节一：复习旧知识——周长和图形的特点

环节二：探究新知识——周长的计算方法

环节三：学以致用——解决实际问题

环节四：课堂总结——总结、分析、诊断

（三）学科与技术的融合体现

环节一：复习旧知识

这一部分的复习，运用HiTeach软件中的“随机挑人”“IRS”测试学生对上一节课内容掌握的情况。IRS作答及随机挑人，检查学生旧知识掌握情况，及时反馈展开教学。

我们从视频来看看这一部分，技术在学科教学上的应用。

环节二：探究新知识

即时展示，生成精彩。

在小学阶段的学习，孩子对公式和概念的理解较为抽象。在传统的教学中，由教师一味地传授给学生知识，告知其结果而不知所以然。在本节课中，放手让学生利用学具进行新知识的探索；在学生小组探索的过程中，老师利用HiTA软件，及时有效地捕捉学生的作品，并推送至白板，孩子依序分享报告。对于周长的求解，不是一味地将公式抛给学生，通过学生独立思考、动手操作，拍摄学生的作答结果并推送白板，投票辨析四种做法，理解求周长的简便方法。

这样的学习让教学的重心偏向于学生，老师则起到引导作用；学生将自己的优秀作品进行展示，分享自己在学习上的好方法、心得体会，培养敢于表达、懂得分享的能力。学生在这样的学习环境下，乐学、好学，掌握课堂的主动性、学会互动，使得课堂生动有趣。

环节三：学以致用

在传统的教学中，练习总让孩子感觉枯燥无味，学生难以保持较长的兴趣。学生读题，根据要求，利用IRS按键作答选出合适的答案，即时显示统计图表和清晰的百分率，清楚了解教学效果。对学生的作答情况及时调控，准确率大于80%的，不在课上讲解，课后个别进行辅导；准确率低于80%的，老师可不急于公布答案，而是让学生通过讨论再次选择作答。

练习环节通过现场作答、实时抢答等方式，即时展现结果，有效地调动学生的学习兴趣。

环节四：总结分析

学完本节课，在对本节知识进行总结后，还应关心学习的学习情况及学习情感。根据统计分析结果，进行诊断学生学习分析，更精进地了解学生的学情，课后辅差导优。

最后跟大家分享智慧课堂的灵魂所在。

三动：生动、互动、主动

三适：适性、适量、适时

三精：精确、精致、精进

三力：展现力、调和力、洞察力

专家点评

从教学实际来看，本课教者对教材在熟知的基础上备课充分、扎实，备课过程中充分考虑到学生的学习基础，运用教学用具、HiTA软件、HiTeach、IRS实时作答抢答、手机拍照推送等信息化工具的功能，营造了课堂的互动性、生动性，促使学生勇于展现自我、分享学习成果、提升表达能力，极大调动了学生的学习兴趣及竞争意识，有效节约了课堂时间，提高了教学效率，促使学生提高了知识的掌握水平，从而收到良好的教学效果。

案例11:《生活中的比（一）》教学设计

（四川省成都师范学院附属实验学校 刘彬）

教学内容

北师大版数学实验教材第十一册第69页。

教学目标

1. 经历从具体情境中抽象出比的过程，理解比的意义，感受比在生活中的广泛存在。
2. 能正确读写比。
3. 理解比、分数和除法的关系。

教学重点

理解比的意义。

教学难点

抽象出比的意义。

教具准备

课前预习纸、HiTeach TBL教学模式、生活中的比教学PPT和微课。

教学流程

（课时时间预设45分钟。）

教学环节	教师活动	学生活动	设计意图	信息技术手段
活动一： 预习分享 理出核心问题	1. 出示题目，要求学生小组内分享预习提示1（同学们觉得今天要学什么？） 2. 随机挑3人分享预习成果。 3. 归纳整理出核心问题。	1. 小组内交流分享预习成果 2. 说说自己的想法	培养学生课前预习习惯和自学能力，通过交流分享找出本课核心问题，明确学习目标。	HiTeach电子白板批注功能（5分钟）

续表

教学环节	教师活动	学生活动	设计意图	信息技术手段
活动二：观察思考认识比	1. 出示情景图思考：图中你能发现哪些图比较像？ 2. 请学生思考像与不像可能与什么有关。 3. 提供方格图，研究每个图长和宽的关系。 4. 归纳整理出比的意义。 5. 认识比各部分的名称。	1. 观察思考 2. 交流分享 3. 小组合作研究 4. 理解比的含义 5. 认识比	通过具体情景小组合作研究，抽象出比的含义，认识比。	HiTeach电子白板批注功能、HiTeach飞迅模式（15分钟）
活动三：学以致用当堂检测	1. 选择题一 2. 选择题二 3. 选择题三 4. 选择题四 5. 选择题五	通过独立思考、小组合作交流以及全班分享等方式完成当堂检测	通过当堂检测，检查学生对比的认识和读写情况的掌握情况。	HiTeach电子白板批注功能、HiTeach IRS反馈器模式（10分钟）
活动四：感受生活中的比	1. 播放微课《生活中的比》。 2. 请学生自己发现的生活中的比。	1. 观看微课 2. 交流自己发现的生活中的比。	让学生充分感受生活中的比。	微课（8分钟）
活动五：理解比、除法、分数之间的关系	1. 通过本课的学习和课前预习，比和已经学过除法、分数之间有什么关系？ 2. 区别是什么？	1. 小组交流 2. 全班分享	理解比、除法、分数之间的关系和区别。	HiTeach电子白板批注功能和抢答功能（5分钟）
活动六：课堂小结	通过这节课的学习，你有什么收获吗？	小组合作 回顾反思 交流收获	让学生学会对知识的梳理和反思，并学会与同伴分享。	HiTeach飞迅功能（2分钟）

【课后分享】努力上好每一堂课

今天学习内容：《生活中的比》第一课时，本课设计的教学核心问题有三个：①什么是比？②读写？③关系？具体的教学流程如上，从设计到借班试讲，包括和瞿成老师一起同课异构的教学过程中，我和我们的六年级教研组老师都在思考：每一节课，我们不管怎样去上，但教学的价值追求都应该是一样的！那就是上好自己的每一堂课，因为学生和老师的生命细胞单元基本就是一个个四十分钟周而复始循环着，慢慢成长和成熟的过程……所以，一直以来我们都努力地去上好自己的每一堂课。

究竟怎样努力上好每一堂课，我们心目中有三个教学观作为教学价值取向的依据：

第一：叶澜教授的“五实”

叶澜教授认为，一堂好课的标准应遵循“五实”，具体概括为以下几个方面：

1、扎实

“一节好课应该是一节有意义的课”。对学生学习来讲，叶澜老师认为有三级意义：初级意义——学到东西；中级意义——锻炼了能力；高级意义——有良好的、积极的情感体验，产生进一步学习的强烈需求。

2、充实

“一节好课应该是有效率的课”。效率至少表现在两个方面，一是对面上来说的，对全班多少同学有效率，对优秀学生、中等学生、困难学生的效率是否相同。二是效率的高低，没有效率就不算是好课。有效率的课也就是充实的课。

3、丰实

“一节好课应该是有生成性的课”。一节课不完全是预设的结果，而是在课堂中有真情实感、智慧的交流，这个过程既有资源的生成，又有过程状态的生成。

4、平实

“一节好课应该是常态下的课”。课堂的价值在于师生碰撞，相互讨论，生成许多新的东西。这样的课称为平实的课，不仅现在可以上，什么时候都可以上。……不管谁在听课，教师都要旁若无人，心中只有学生。

5、真实

“一节好课应该是有待完善的课”。它不可能十全十美。它应该是真实的、不粉饰的、值得反思的，可以重建的课。只要是真实的，就是有缺憾的。

第二：薛法根老师的“教得完整不如学得充分”

如果说“求完美”是人的一种天性，那么“求完整”几乎就是我们为人师的潜意识。“教得完整”，不如“学得充分”，站在学生立场，界定了“教”与“学”的关系：教就是为了学，为了让学生学会学习，以致最终达到用不着教。这正是叶圣陶先生富有哲学意味的“不教之教”。薛法根老师提炼出四个核心观点：

“学得充分”意味着内容要“瘦”。

“学得充分”意味着时间要“够”。

“学得充分”意味着过程要“透”。

“学得充分”意味着所得要“厚”。

第三：互联网＋课堂教学的未来课堂

“用昨天的方式，培养今天的人，我们却要面对明天，我们注定失去明天！其实，教育一直都是后天的事业。”这是今年教学工作会上曾局长的教育观点，仔细想想的确如此，好的教育应该着眼于未来，因此，成师附校从2013年开始思考如何把信息技术与课堂教学深度融合、有效融合，我们目前的“未来课堂”遵循着“三动”（生动、互动、主动）和“三适”（适时、适量、适性）。

当然，诚如叶澜教授的那句话，“一节好课应该是有待完善的课。”其实，我们生命当中的每一节课、要做的每一件事情，其实都不可能十全十美。只要是真实的，就是有缺憾的。成师附校只是以这三个教育观去引领和影响着我们努力上好每一堂课，甚至是去影响我们做好每一项教育教学工作，“路远梦依旧”，行走在教育改革路上，难免有很多不成熟之处，还望各位教育同仁多指点、多帮扶！谢谢！

《生活中的比》教学日记

一、教学内容

《生活中的比》第一课时。

二、核心问题

（1）什么是比？

（2）比的读和写。

（3）比、分数、除法之间的关系。

三、TBL教学流程

活动一：预习分享理出核心问题。（HiTeach电子白板批注功能（5分钟））

1．出示题目，要求学生小组内分享预习提示1。（同学们觉得今天要学什么？）

2．随机挑3人分享预习成果。

3．归纳整理出核心问题。

活动二：观察思考，认识比。（HiTeach电子白板批注功能、HiTeach飞迅模式（15分钟））

1．出示情景图思考：图中你能发现哪些图比较像？

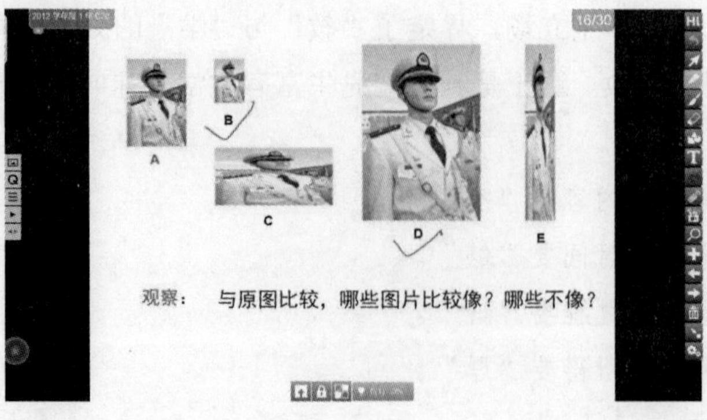

2．请学生思考像与不像可能与什么有关。

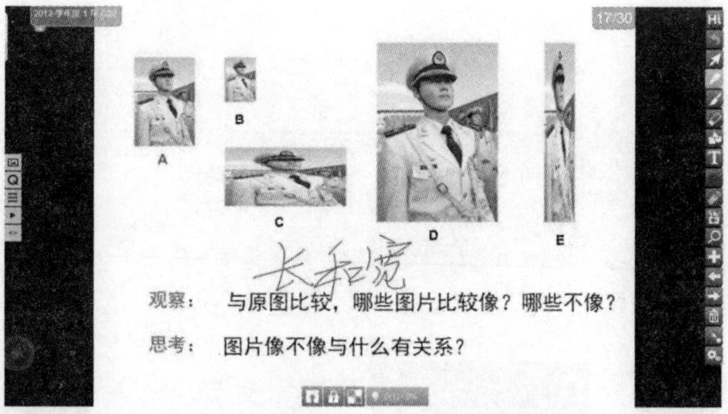

3．提供方格图，研究每个图长和宽的关系。

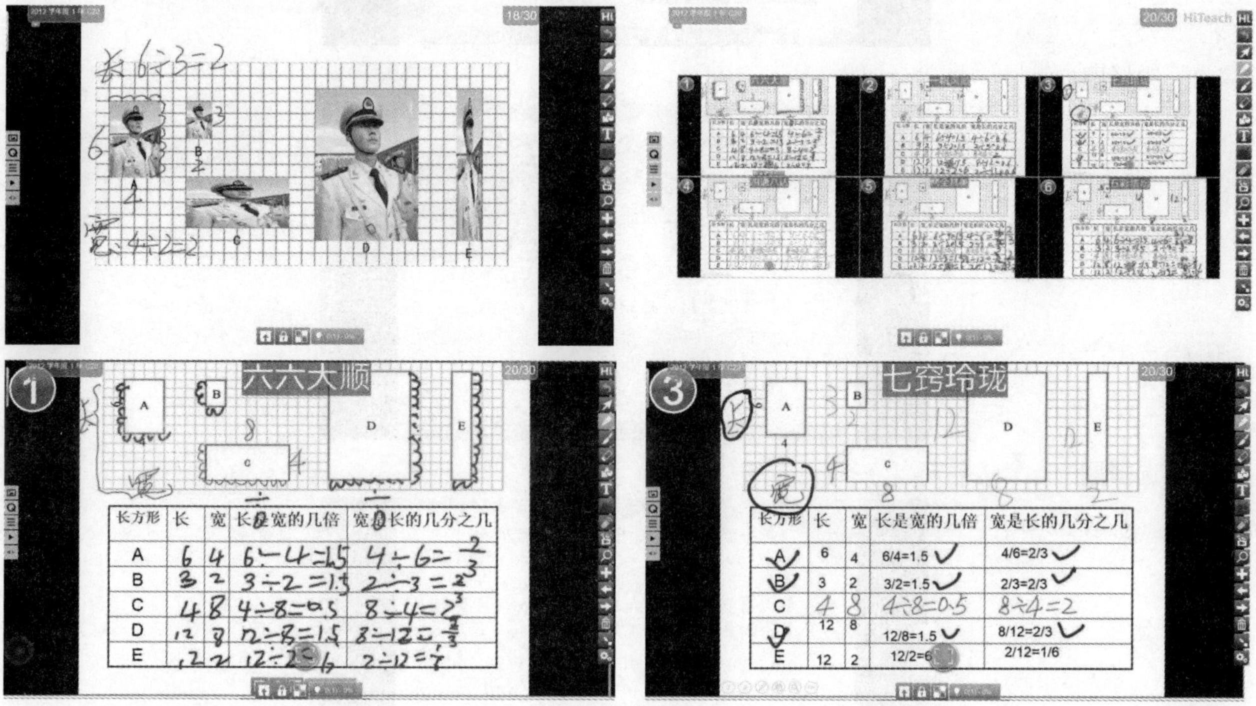

4．归纳整理出比的意义。

5．认识比各部分的名称。

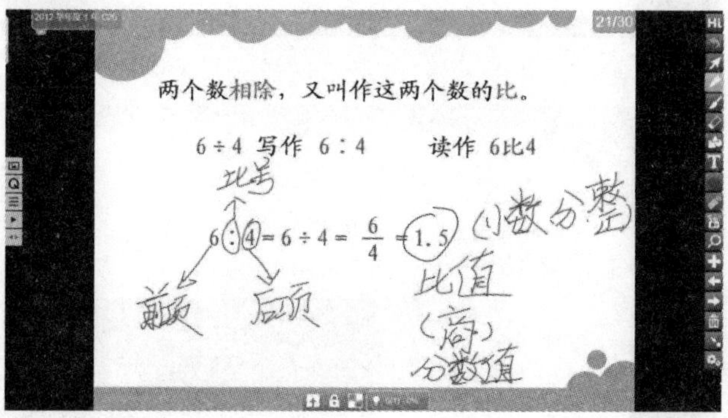

活动三：学以致用当堂检测。（HiTeach电子白板批注功能、HiTeach IRS反馈器模式（10分钟））

1．选择题一

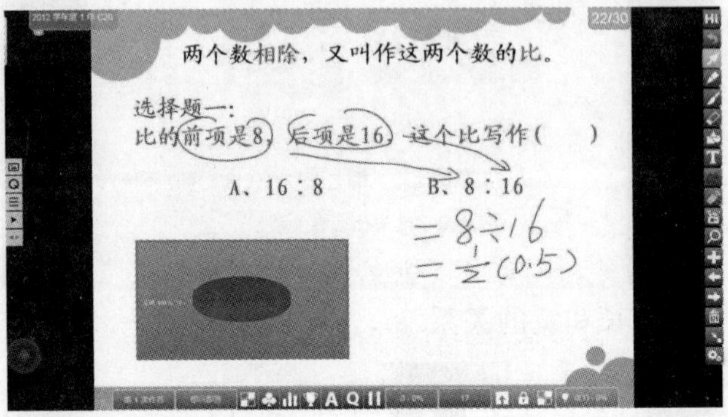

2．选择题二

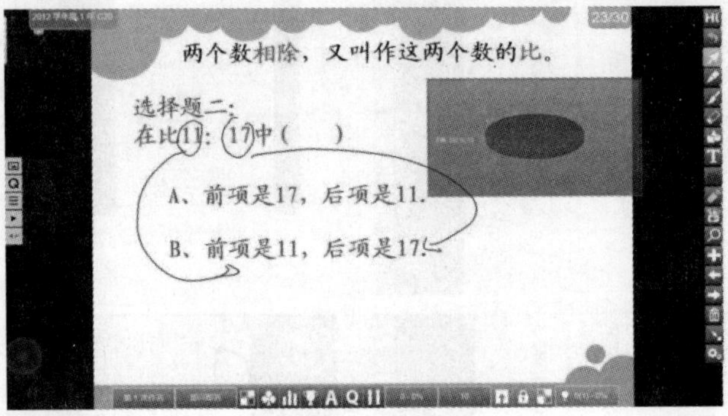

3．选择题三

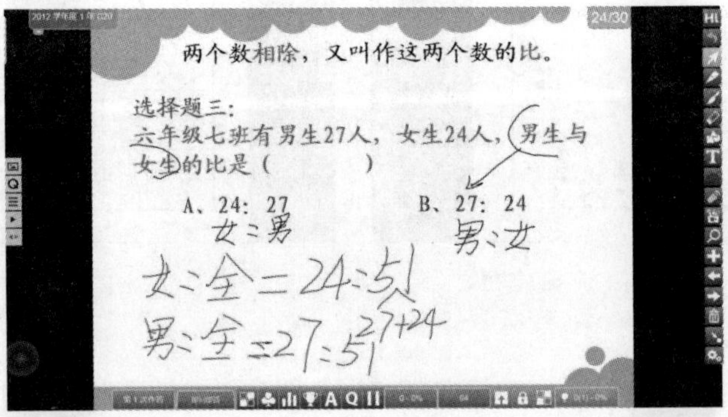

4．选择题四

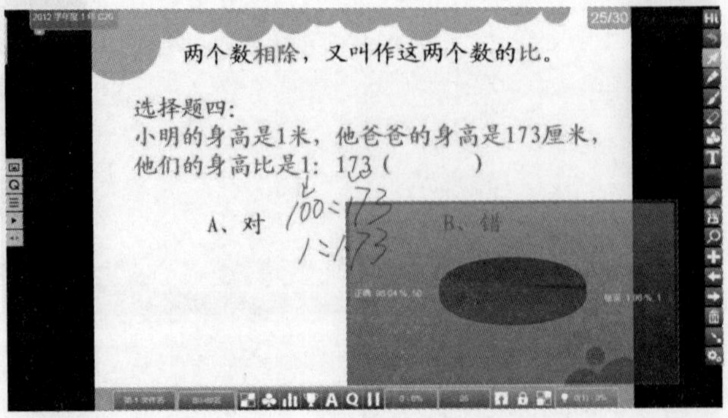

5．选择题五

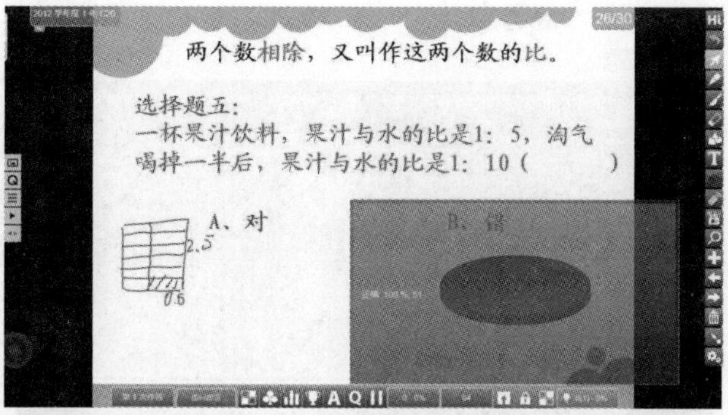

活动四：感受生活中的比。（微课和HiTeach抢权功能（8分钟））

1．播放微课《生活中的比》。

2．请学生自己发现的生活中的比。

活动五：理解比、除法、分数之间的关系。（HiTeach电子白板批注功能和抢答功能（5分钟））

1．通过本课的学习和课前预习，比和已经学过除法、分数之间有什么关系？

2．区别是什么？

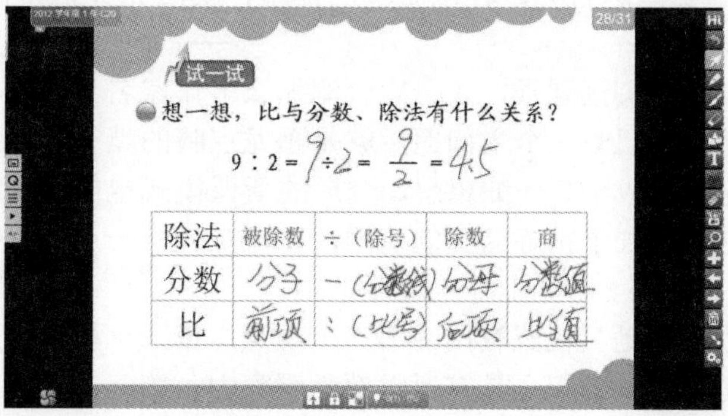

活动六：课堂小结与评量。（HiTeach飞迅功能（2分钟））

1．小组讨论，本节课学习收获，飞迅上传。

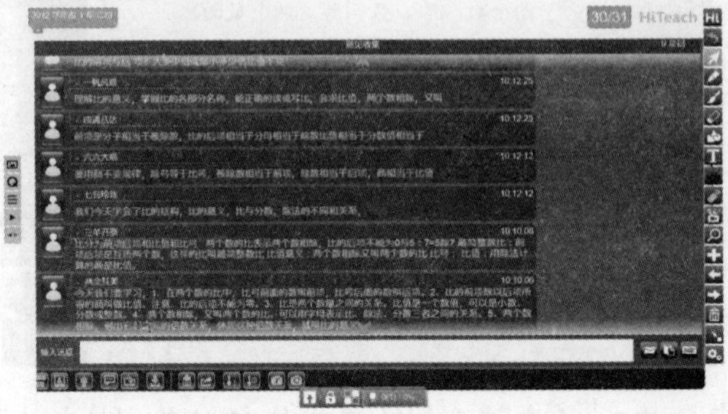

2．小组评量后下课。

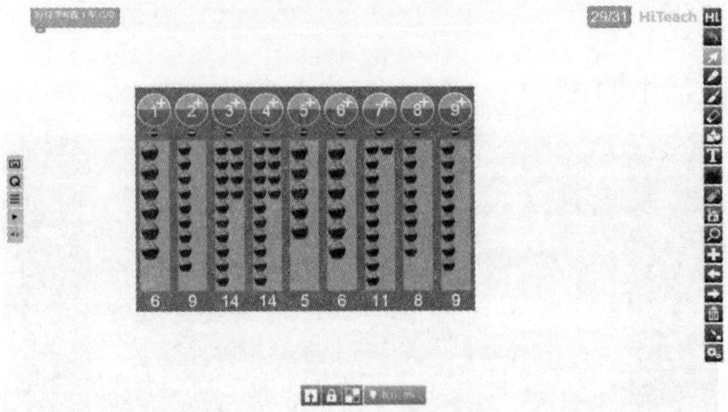

教学后记

本节课是上周去台湾参与论坛的前一天所上的一节全区研究课，基本上算是这么久以来自己所领悟的一节常态的新授课模式的TBL教学课，台湾去了之后看了两节台湾高水准的TBL教学课，感受最深的就是他们的TBL教学团队合作要求更明确、合作更彻底、交流更充分，并且思维方法的指引更规范，尤其是许育建教授的阅读问思教学三步教学法：①自学课文，你喜欢那句话？为什么？（小组交流，随机抽人分享）；②提供九种阅读方法，小组选择方法阅读课文（学生采用的“因果”方式较多）；③小组合作给短文确定题目（不给文章题目），看似简单的课堂，实质充分把学习机会给了学生，给学生思考，给学生交流，给学生表达……

也许正是有如此开放自主的阅读课堂，才会有台湾那么多作家名士，从小就是在自主、开放的学习语文，不过这仅仅是个人臆测而已！三个主问题后就是画龙点睛的填空和选择，强化学习，最后飞迅心得，一节成熟的TBL课就这么完成了！仔细想想，今后的新课模式也值得这样去尝试，简单的主问题，让学生去合作，交流，表达，再加上精炼的当堂检测，让课堂轻松一点，有针对性一点，也许这就是今后要走的路！

此外，此次论坛最大收获还是吴权威教授的那三个观点：第一，教师要有演员的意识，具有课堂教学展现力；第二，教师要有医生的意识，具有课堂教学洞察力；第三，教师还要有教练员的意识，懂得放手给学生，具有课堂教学调和力（教练员讲得精练，重要的是要让运动员不断地训练和领会要领，提高水平）。

当然，还有许育建教授的这句话：一个人，要懂得读书的好，因为，读书如旅行，可以让我们把一辈子活成九辈子！

生活中的比（一）课前学习提示单

姓名：

请同学们自学数学课本69页，想想，本节课我们要学什么？
请同学们根据自学内容，找一找生活中的比？
请同学们根据自学内容，想一想，填一填。

››想一想，比与分数、除法有什么关系？

9∶2=　　÷　　=——=

除法				
分数				
比				

智慧模式说明

<table>
<tr><td>参加组别</td><td>□班级智慧教室
□电子书包智慧教室
□TBL团队合作学习模式</td><td>□小学组
□中学组
（中学组含中学以上学校）</td><td>任教年级</td><td>6年级</td></tr>
<tr><td>教学单元</td><td colspan="2">北师版六年级上册第五单元　生活中的比</td><td>任教学科</td><td>数学</td></tr>
<tr><td>智慧模式简介</td><td colspan="4">1．预习分享，布置任务。
2．小组活动，合作探究。
3．学以致用，当堂检测。
4．交流展示，碰撞智慧。
5．归纳总结，提炼智慧。</td></tr>
<tr><td rowspan="3">模式说明</td><td colspan="2">模式流程</td><td colspan="2">步骤说明（50字内）</td></tr>
<tr><td>步骤一：</td><td>预习分享
布置任务</td><td colspan="2">1．出示题目，要求学生小组内分享预习提示。
2．随机挑3人分享预习成果。
3．归纳整理出核心问题。
4．布置合作探究任务</td></tr>
<tr><td>步骤二：</td><td>小组活动
合作探究</td><td colspan="2">1．通过具体情景小组合作研究，抽象出比的含义。
2．认识比。</td></tr>
</table>

续表

<table>
<tr><td rowspan="4">模式说明（流程步骤可自行新增更多）</td><td colspan="2">模式流程</td><td>步骤说明（50字内）</td></tr>
<tr><td>步骤三：</td><td>学以致用
当堂检测</td><td>利用IRS反馈系统，独立思考、小组合作交流以及全班分享等方式完成当堂检测。</td></tr>
<tr><td>步骤四：</td><td>交流展示
碰撞智慧</td><td>1、观看微课。
2．推送探究表格。
3．利用飞迅功能交流自己发现的生活中的比。</td></tr>
<tr><td>步骤五：</td><td>归纳总结
提炼智慧</td><td>小组交流学习收获，飞迅全班分享。</td></tr>
<tr><td>预期效果</td><td colspan="3">充分认识比的意义，比的读写，比与分数、除法之间的关系。</td></tr>
</table>

专家点评

本节课安排得非常紧凑，使用了HiTeacher电子白板批注等信息化工具组织学生活动，课堂上充分调动了学生的主观能动性和学习积极性，利用IRS反馈系统，独立思考、小组合作交流以及全班分享等方式完成当堂检测，教学成果很明显，让学生体会到数学就在身边，数学如此亲近，生活中数学无处不在，也更加增强了学好数学的信心。

案例12：《植树问题》教学设计

（陕西杨凌揉谷镇中心小学　张芳霞）

一、教学设计

【教学内容】

人教版《义务教育教科书·数学（五年级上册）》第118页例1例2、例3。

【教学目标】

1．使学生经历将实际问题抽象出数学模型的过程，掌握植树问题中棵数与段数之间的关系，并能利用这一关系解决简单的新的实际问题。

2．使学生体验“化繁为简”、“数形结合”、“一一对应”等解题策略和数学思想方法。

3．感受数学在日常生活中的广泛应用，体会数学的价值，激发热爱数学的情感。

【学情分析】

“植树问题”是人教版五年级上册“数学广角”中的内容，这一教学内容具有很高的数学思维含量和很强的探究空间，既需要教师本身的有效引领，也需要学生的自主探究，从学生的思维特点看，五年级的学生的抽象逻辑能力已经有了初步的发展，具备了一定的分析综合、抽象概括、归类梳理的数学活动经验，教学时可以从实际的问题入手，引导学生在分析、思考问题的过程中，逐步发现隐含于不同的实际问题中的规律，经历抽取出数学模型的过程，体验数学思想方法在解决问题中的应用。

【教学重点】

让学生探究发现一条线上植树问题中“三种两端都种、只栽一端、两端都不栽”的规律，经历数学建模的过程，体验“化繁为简”的解题策略和数学思想方法。

【教学难点】

让学生体验“化繁为简”的解题策略和数学思想方法。

【教学准备】

多媒体课件。

【教学过程】

（一）猜谜导入，初步感知

老师：同学们你们喜欢猜谜语吗？上课之前老师先给大家出一个谜语，老师手里的纸条上写了一个成语，这个成语中有两个字是数字，知道是什么吗？下面的提示就要认真观察，（师做剪绳子的演示后再让学生猜）这节课我们就从“一刀两断”说起，（引导学生发现次数和段数之间的关系）引出课题：今天我们一起来探究植树问题中的规律。

（游戏导入一方面激发学生学习兴趣，另一方面让学生初步体会生活中的数学规律。）

（二）探索交流，发现规律，建立模型

1、谈话引入

同学们，说到植树，每年都有一个特殊的节日，你们知道是什么节日吗？（学生：……）每年的这一天，下到中小学生，上到国家领导人，都会积极地投入到植树的活动中去，我们学校也不能落后，瞧！我们的任务来了。

2、探究交流

（1）课件出示研究题目，引导学生了解信息：

学校操场西边有一段长20米的小路，学校打算在小路的一边植树，每隔5米栽一棵，可以怎样栽？栽几棵？

老师：在题中你知道了什么？

学生：……

老师根据学生的发现给出全长和段长的概念。

（2）引导学生发现并总结出数量关系式。

全长÷段长＝段数

（3）研究种树情况。

教师将问题推送给学生，启发学生用画线段图的方式表示种树的不同方式。

（利用HiTeach推送功能，将问题呈现给学生，既能让学生对要研究的问题更关注，有能照顾到视力有问题的学生，也有利于小组讨论。）

学生上传线段图，全班交流种树的情况。

（学生用平板将讨论结果上传后，有利于教师快速汇集讨论结果，全班进行交流展示、评价、讨论。）

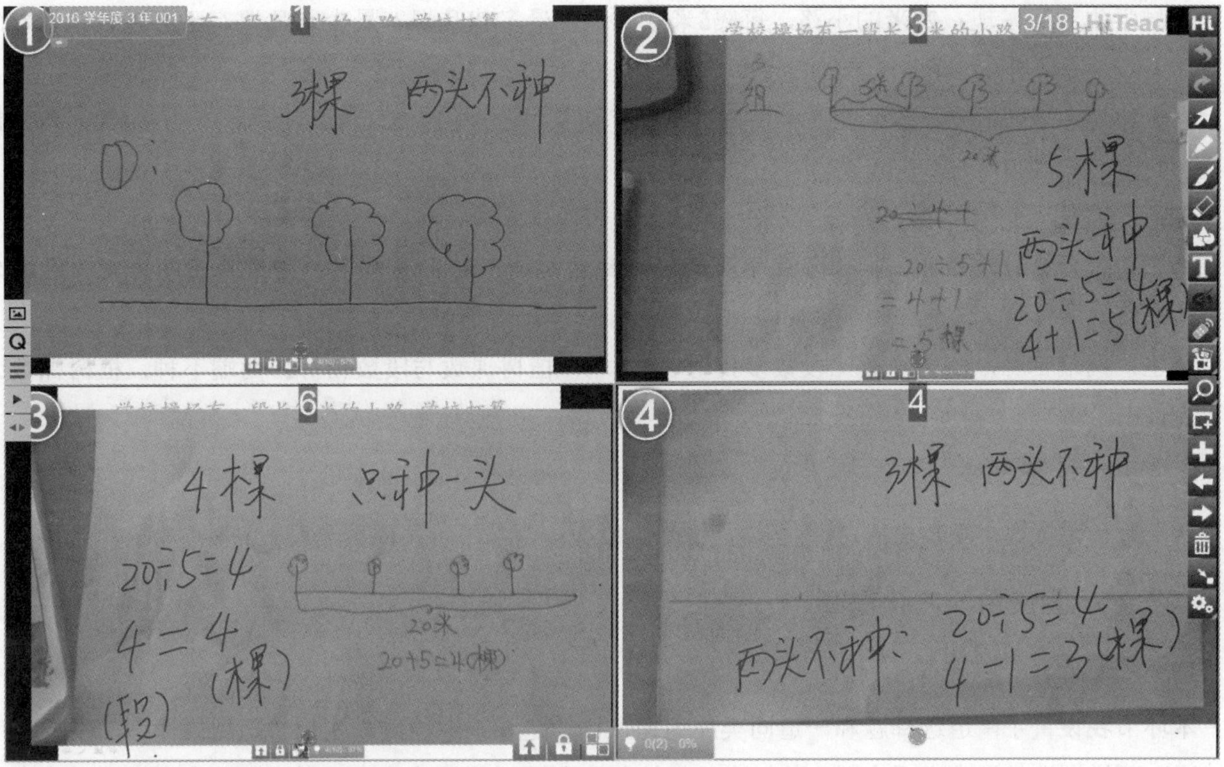

（4）用起名字的方式归纳三种栽法的特点。

老师：同样长的一条小路，为什么有的栽5棵，有的栽4棵，还有的栽3棵呢？问题出在哪儿了？

学生：在两头。

老师：能不能根据“两头”栽不栽的特点给这些方法起个好记的名字呢？（学生回答教师板书。）（两头栽；两头不栽；只栽一头。）

（利用IRS抢权功能，让学生对发现的问题进行总结，既激发了学生积极的思考，又充分调动了学生在课堂上的主观能动性，让课堂教学更加精彩。）

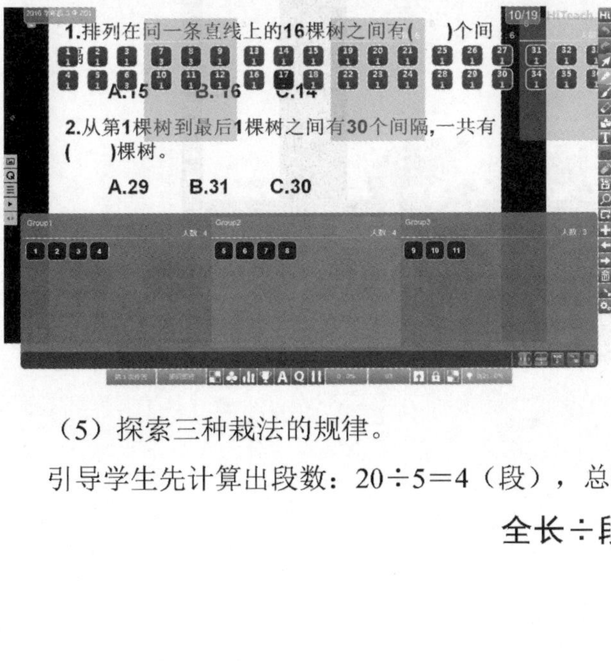

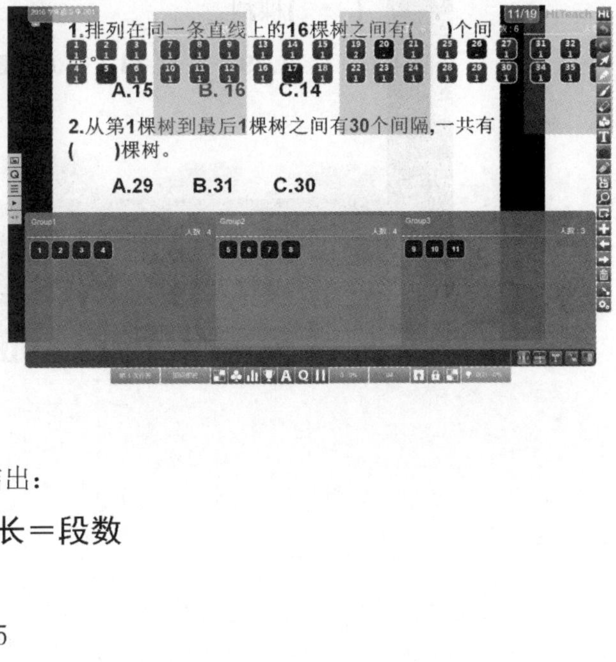

（5）探索三种栽法的规律。

引导学生先计算出段数：20÷5＝4（段），总结出：

全长÷段长＝段数

引导学生观察发现：20米的小路，每隔5米栽一棵，最多栽几棵？最少栽几棵？还可以栽几棵？怎么算？

学生边说，老师板书，落笔在三种情况的后面：两头种：4＋1＝5（棵），只种一头：4棵，两头都不种：4－1＝3（棵）。

老师：你发现了什么？

（利用“计分板”功能，能让每位学生的思维都动起来，特别是对于一些简单问题来说，能激发“学困生”的学习热情，增强他们的学习信心。）

学生：两端都种，植树棵数比段数多1；只种一端，植树棵数与段数相等；两端不种，植树棵数比段数少1。

3、总结规律

两端都种，棵数＝段数＋1；只种一端，棵数＝段数；两端不种，棵数＝段数－1。

（三）巩固应用，内化提高

1、基本练习

本环节我设置了两道选择题和一道同类应用题，目的是想快速检测学生对“植树规律”的掌握和应用情况，两道题选择题推送后应用一体机中的抢权积分和即问即答功能，一道应用题小组讨论后让小组长指名一位学生来完成后拍照上传，这样既能调动学生参与课堂的积极性，又锻炼了学生应用知识解决问题的能力。

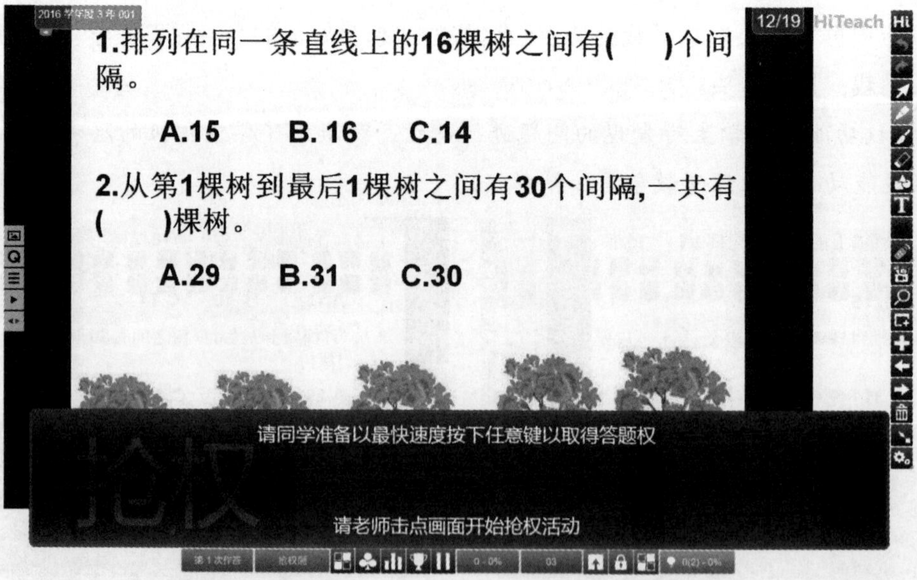

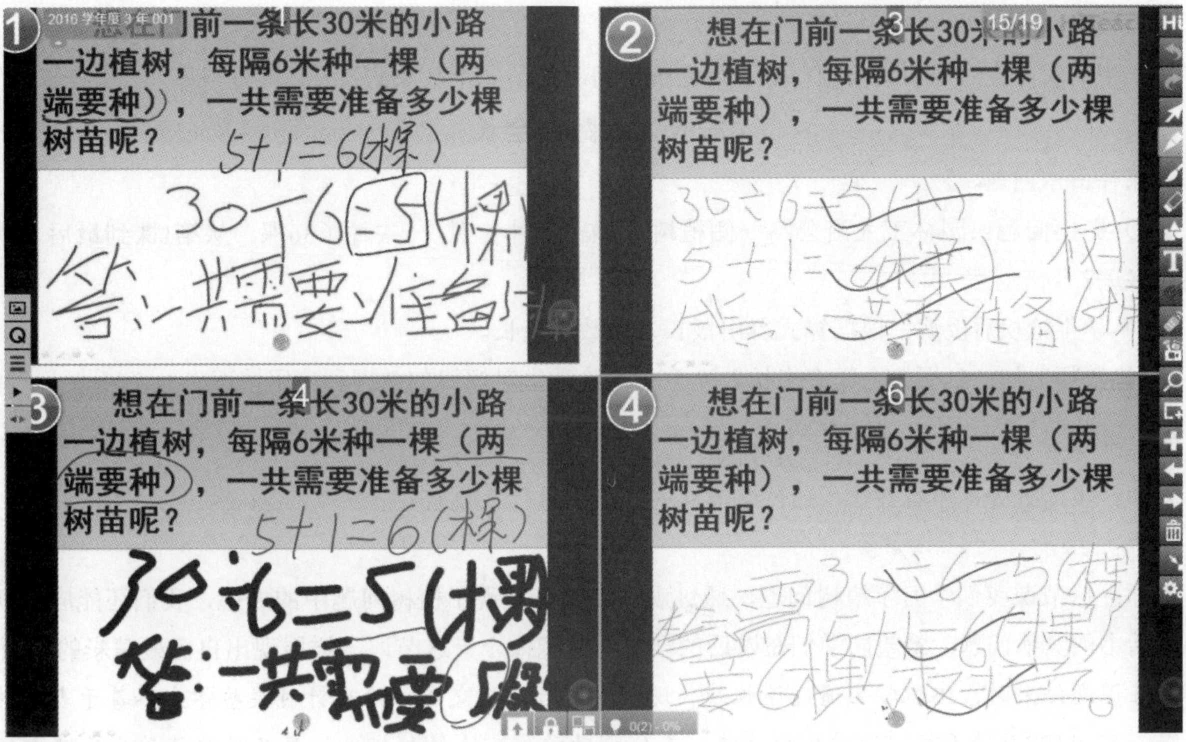

2、拓展延伸

（1）出示题目：在全长2000米的街道一侧安装路灯（只装一端），每隔50米安装一座。一共安装了多少座路灯？

（2）让学生说说这道题目的理解。

（3）学生小组交流完成后老师利用手机上的“HiTA”中拍照功能上传后全班交流订正。

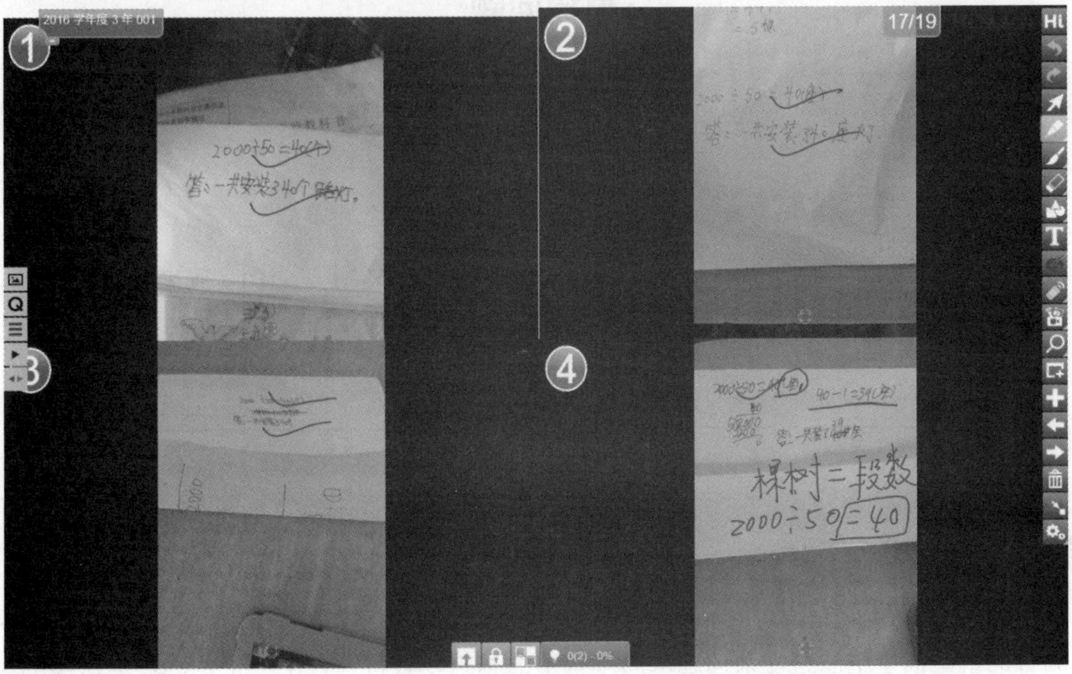

3、变式练习

从学生的实际生活中引出问题，意在得出植树问题的另一个关系式：

段长×段数=全长

（课件出示问题。）

（1）提出问题：园林工人沿公路一侧植树，每隔6米种一棵，一共种了36棵。从第1棵到最后一棵的距离有多远？

（2）学生抢权后板演，根据算式得出段长×段数=全长。

（3）教师追问：41棵树之间有多长？（意在检验学生对规律的掌握和应用情况。）

4、回顾整理，反思提升

老师：生活处处存在着数学，通过这节课的学习你有什么收获？

学生：……

老师：这节课我们学习了植树问题，通过观察、探究发现了植树问题中的规律，我们还能应用规律解决生活中的其他问题，希望同学们在以后的学习中也能像今天这节课一样展现出自己最精彩的一面！

（在课堂结束时，组织学生通过谈收获、说困惑进行课堂交流评价，针对某些学生不善于表达的实际情况，利用IRS反馈系统，通过积分功能，充分调动学生表达的积极性，并及时统计学生反馈中的问题和困惑，然后保存HiTeach课件，为课后及时反思补救提供可靠依据。）

【板书设计】

植树问题

两端都种，棵数=段数+1

只种一端，棵数=段数

两端不种，棵数=段数-1

20 ÷ 5 = 4（段）　　　　35 × 6 = 210（厘米）

全长 ÷ 段长 = 段数　　　　段数 × 段长 = 全长

【教学反思】

“植树问题”是人教版《新课程标准实验教材·五年级上册》“数学广角”的内容。本册安排“植树问题”的目的就是向学生渗透复杂问题从简单入手的思想。教材设置了三个例题，即从实际生活中抽取植树现象中会出现的三种情况，并加以提炼，然后通过猜想、验证，建立数学模型，再将这一数学模型应用于生活实际。

以此为基础，根据学生的认知规律，我设计了以下几个教学环节：

（1）通过课前游戏活动，让学生初步体验生活中的规律并发现段数与次数的关系。

（2）以一道植树问题为载体，通过PPT课件和“HiTeach”系统的辅助功能与小组合作营造突破全课教学重点及难点的探究氛围。

（3）以生活中植树问题的应用为研究对象，引导学生探究总结植树问题中的规律。

（4）多层次的应用练习巩固，拓展学生对植树问题的认识。

反思整个教学过程，我发现单纯的用规律去解决实际生活中的植树问题，对学生有些难，所以我在课堂中重视规律，更强调方法，注重学生获取知识过程的体验。在备课的过程中，为了让学生能突破难点、重点，我利用了智慧教室中的“HiTeach”系统通过充分的师生、生交流，让学生体验了规律的形成并建立数学模型的过程，整节课学生的热情高涨、交流积极、反馈准确及时，虽然课堂容量有些大，但从学生的应用情况来看，不论是植树问题还是实际生活中站队、装灯或楼梯问题，学生都能应用植树规律很快地解决。我觉得上好一节课，不光要将知识传授给学生，更重要的是让学生充分体验和经历知识的形成过程，这样得到的知识才更有意义、更深刻。

二、智慧课堂“自主探究”教学模式思维导图

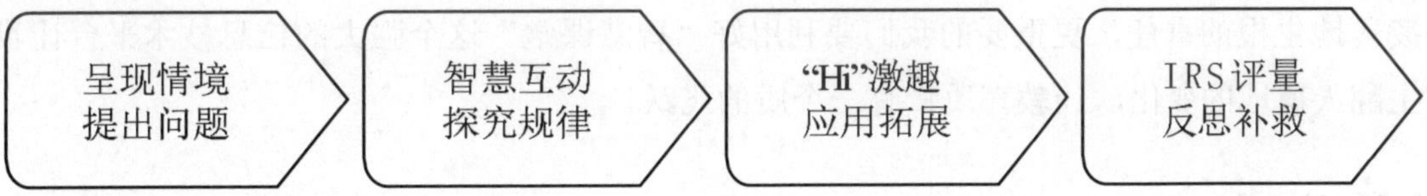

三、智慧模式阐述

1、呈现情境、提出问题

课件出示学生熟悉的“植树情境”，让学生发现其中的有用信息以及要解决的问题，并利用IRS反馈器进行交流，为下一步的探究活动做好充分的准备。

2、智慧互动、探究规律

通过“HiTeach”系统的推送接收功能，将问题发送给学生，学生通过独立思考、小组讨论后，将结果以图示的方式上传，教师引导学生将各种方法进行汇整后，通过IRS的挑人、抢权功能让学生自主发现规律，建立解决这一类问题的数学模型，充分凸显了学生的主体地位。

3、HiTeach激趣、应用拓展

应用HiTeach系统组织学生进行分层练习，应用抢权、即兴作答、推送、上传、拍照、计分板等功能增加练习的趣味性，激发学生参与课堂的积极性，提高学生应用规律解决问题的能力，拓展学生思维能力。

4、IRS评量、反思补救

在课堂结束时，组织学生通过谈收获、说困惑进行课堂交流评价，针对某些学生不善于表达的实际情况，利用IRS反馈系统，通过积分功能，充分调动学生说的积极性，并及时统计学生反馈的问题和困惑，然后保存HiTeach课件，为课后及时反思补救提供可靠依据。

四、心路历程

2015年1月16日，对我来说是一个永远难忘的日子，我有幸作为一线教师跟随区局领导和学校领导踏进别有一番教育景象的“智慧教育”实验基地——四川省成都市泡桐树小学。那里的“智慧教育”“智慧课堂”“智慧教师”让我深深的为之震惊，不禁感叹眼前的教育与自己正在经历着的教育竟会如此的不同，感叹之余沉寂的心又豁然开朗了。

学习归来，作为第一批杨凌区“智慧课堂”种子教师，我开始了紧锣密鼓的培训。对于一名对电脑操作并不太熟练的教师来说，别人两遍就能学会的操作，我至少要操作四五遍，时常会为自己的笨拙而感到自卑，尽管培训的老师对我是百般耐心，但有时也会为自己的一次次失败而萌发放弃的想法。每到这个时候，领导的殷切期望，孩子们一双双期待的眼神、培训老师不厌其烦的讲解、操作训练情景就会在我眼前浮现，一想到这些，我又会情不自禁地投入到学习和操作练习中去。

2015年四月份，我校作为第一批“智慧教育”实验学校，我们也拥有了自己的“智慧教室”，这样我们学习和实践的机会就更多了，作为“智慧课堂”种子教师，我觉得，我们肩负的不仅是让“智慧教育”在杨凌落地生根的重任，更重要的我们要利用好“智慧课堂”这个强大的信息技术平台让我们的教育面貌发生翻天覆地的变化，让教育质量有一个质的飞跃！

五、效益分析

1．“HiTeach”系统软件强大的辅助功能，能引发学生积极独立、深层次的思考，特别是它独特的推送功能，能照顾到每位学生的实际情况（眼睛近视的学生），让每个学生参与到课堂教学的每个环节，使学生学习更专注、更有效。

2．“HiTeach”系统的高互动性，帮助学生实现生动、互动、主动的学习方式，学生交流、展示更充分，课堂教学更开放、更精细。

3．IRS反馈系统的抢权、挑人、计时、积分等功能，不但能充分激发学生参与课堂的热情，体验规律的形成过程，而且能帮助教师有效分析学生在课堂中暴露出的问题，使教师能及时做到查漏补缺，提高课堂教学效率。

4．IRS及时反馈功能，能够快速汇集全班学生的作答情况，并通过拍照功能，对几次作答进行对比，能够让老师准确地把握问题解决的正确率，并决定讲解的必要性，如果只有极个别错误，不必浪费课堂时间，课后通过查看记录，实现一对一辅导。

5．作为一节发现规律的探究课，学生在智慧课堂中逐渐体会了规律的形成过程，对生活中的数学形成正确的认识，拓展了学生的视野，激发了学生的探究兴趣，培养了学生自主探究的精神。

专家点评

从理念上看，本篇教学设计很符合新课改的思路和宗旨。教学过程设计得很严谨，对重、难点的把握很好，可以看出老师对整个教材相当熟悉。导入课很自然，富有趣味性和创造性，能让学生在轻松愉悦的状态下学习，并紧密联系生活实际，让学生能在课后很轻松的理解。该教学过程有讲有练，讲练结合，重视规律更强调方法，注重学生获取知识过程的体验。为了让学生突破难点、重点，老师利用了智慧教室中的“HiTeach”系统，通过充分的师生、生生交流，让学生体验了规律的形成和建立数学模型的过程，整节课学生的热情高涨、交流积极、反馈准确及时，虽然课堂容量有些大，但从学生的反映情况来看，对知识的掌握程度很好。同时老师让学生充分体验和经历知识的形成过程，得到的知识才更有意义、更深刻。

案例13：《合理安排时间》教学设计

（陕西杨凌高新小学　张蕊）

教学内容

人教版四年级上册第8单元数学广角第一课时。

教学目标

1．使学生通过简单的事例，认识到解决问题策略的多样性，学会选择合理、快捷的方法解决问题。

2．让学生初步体会到优化思想在解决实际问题中的应用，形成寻找最优方案的意识。

3．使学生逐渐养成合理安排时间的良好习惯，提高解决实际问题的能力。

教学重点

尝试合理安排时间，体会优化的思想。

教学难点

学会选择合理、快捷的方法解决问题，形成寻找最优方案的意识。

教学具准备

多媒体课件、一体机、平板电脑、沏茶工序图。

教学过程

一、情境导入

老师：同学们，今天张老师给大家带来一位新朋友——小明，他也是四年级学生，让我们一起走进他的生活吧！

多媒体出示：

1．早上小明起床后收听英语磁带8分钟，叠被子3分钟，一共需要多长时间？（　　）IRS即问即答，柱状图出示。

A．11分　　　　B．8分　　　　C．3分

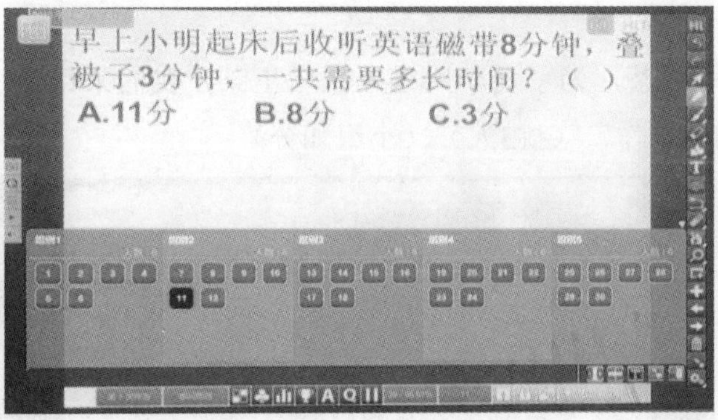

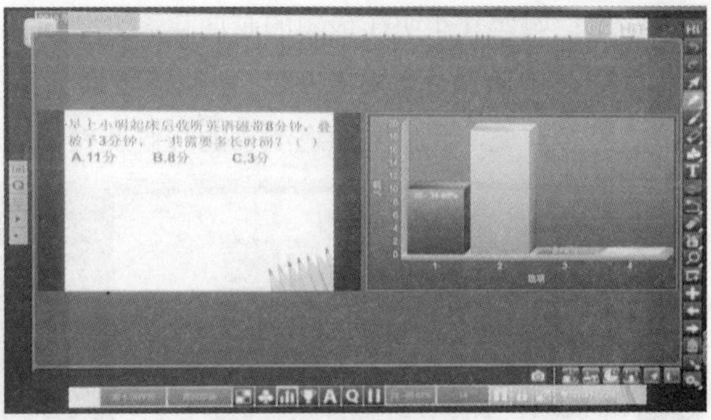

老师：这道题你是怎么思考的？

生汇报8＋3＝11（分）。

2．早上小明起床后收听英语磁带8分钟，叠被子3分钟，做完这两件事情最少需要多长时间？（　　）IRS即问即答，柱状图出示。

A．11分　　　　B．8分　　　　C．5分

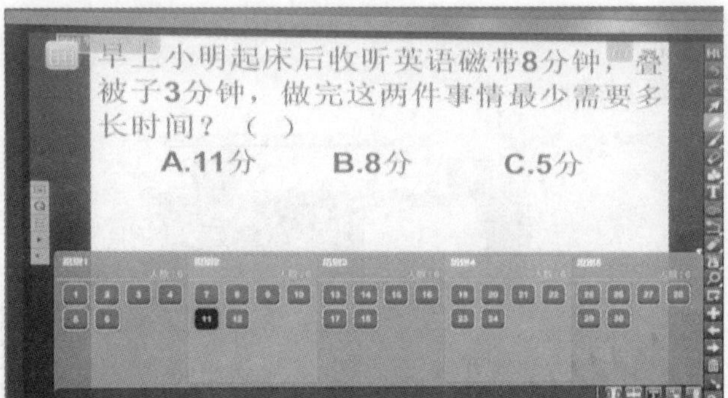

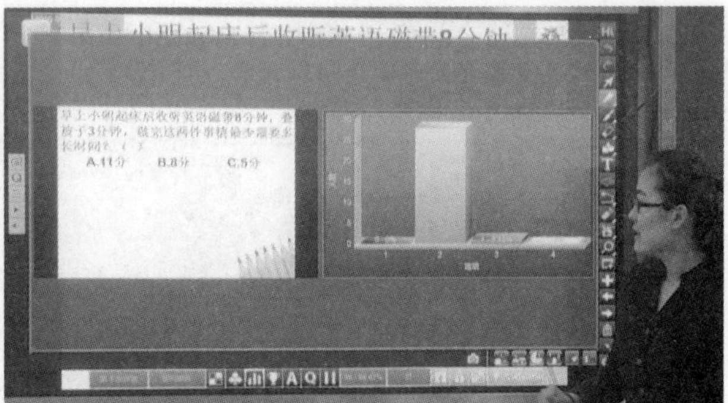

第一次IRS选择后，出示柱状图。

老师：看来，同学们的观点不一样，请大家小组讨论一下，我们再一次进行选择。

小组讨论，第二次继续选择，呈现两次柱状图。

老师：你是怎样思考的？（小组加分）

生汇报，收听英语磁带的同时可以叠被子，所以需要8分钟。

老师：同学们，都是做同样的事情，你更喜欢哪一种？

学生：第二种，因为它节省时间。

总结：的确，这也正如爱迪生说的："人生太短暂，要多想办法，用极少的时间办更多的事情。"今天这节课我们就一起来探讨合理安排时间。板书：合理安排时间。

二、新授

沏茶问题

老师：同学们，就在这时，小明家里门铃响了，我们一起去看一下，原来李阿姨来小明家做客（多媒体出示主题图）。

老师：你从图中还能得到哪些信息？谁来说给大家听听？

学生：妈妈让小明在最短的时间让客人喝茶。

老师：中国是个礼仪之邦，待客之道第一步——喝茶，为了使李阿姨尽快喝上茶，我们来帮帮小明，好吗？首先，我们要知道沏茶的时候要做哪些准备工作？（挑3人）（小组加分）

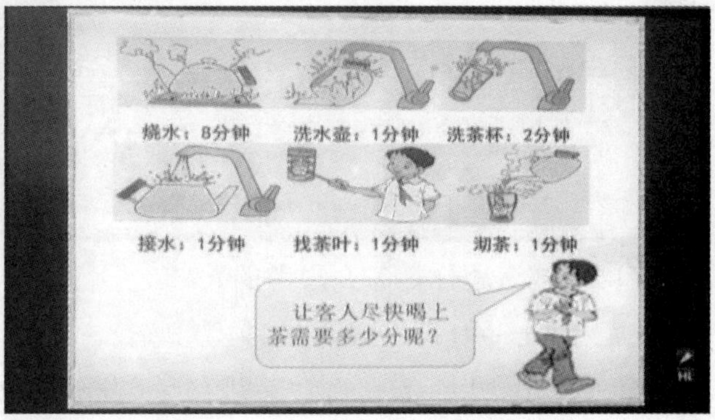

师生汇报：原来，小明要做这么多事情，请你们帮助小明想一想，他应该先做什么，再做什么，才能让客人尽快喝上茶，需要几分钟呢？

（1）学生独立思考。（计时器1分30秒）

（2）小组合作交流。（平板推送、作品观摩、计时器3分钟）

（3）

①洗水壶→接水→烧水（洗茶杯　找茶叶）→沏茶（11分钟）

②洗水壶→接水→烧水→洗茶杯→找茶叶→沏茶（14分钟）

③洗水壶→接水→烧水（洗茶杯）→找茶叶→沏茶（12分钟）

按照最佳方案，小明做完事情需要11分钟。（师版贴流程图）

老师：同学们在烧水的同时，我们可以洗茶杯和找茶叶，做这三件事情总共需要多长时间呢？

学生汇报。

老师强调，8分钟才可以使三件事情全部做完，这样才能进行下一个工序——沏茶。

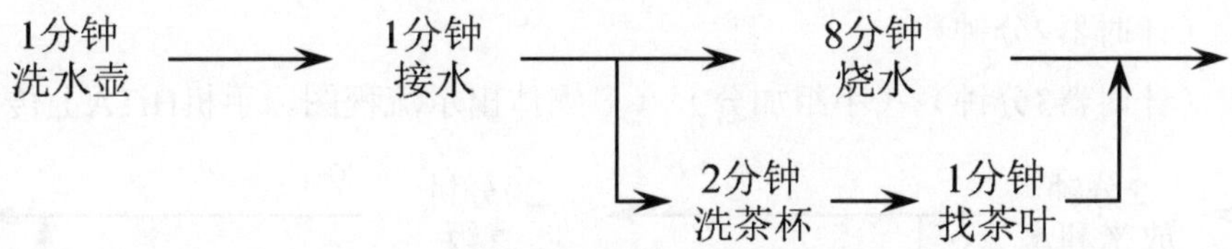

1＋1＋8＋1＝11（分）

老师小结：通过刚才的设计过程，我们知道洗水壶，接水，烧水，沏茶这四个步骤不能打乱顺序，所以我们在日常生活中做事情时要考虑它的先后顺序（板书：顺序）。我们用箭头将它们连接起来。怎样可以节省时间呢？烧水的同时可以先洗茶杯，再找茶叶，也可以先找茶叶，再洗茶杯。能同时做的事情越多，时间就越短（板书：同时）。书写时我们就以流程图的形式呈现出来。

三、巩固练习

1、小红感冒休息

老师：大家真是热心的孩子，帮助小明解决了问题，还得到了李阿姨的夸奖。这时，他想找自己的同学小红玩，于是打电话给小红，我们一起看一下小红是怎么回应呢？原来小红生病了，我们一起帮助小红怎样可以最快的休息，好吗？（多媒体出示）

（1）独立完成，计时器1分钟。

用流程图的形式写出来并计算。

（2）小组合作交流，手机HiTA上传作品。（小组加分）

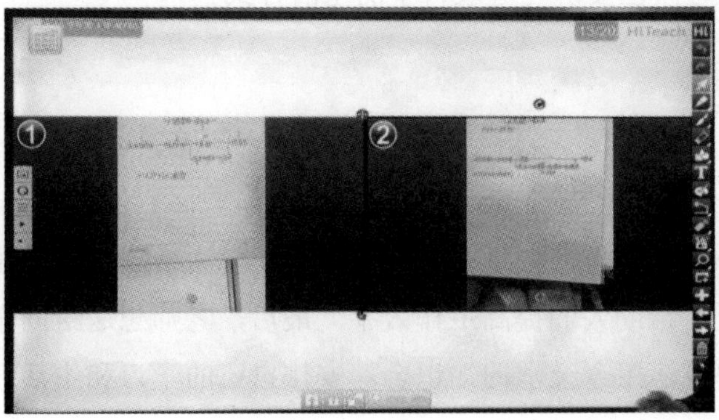

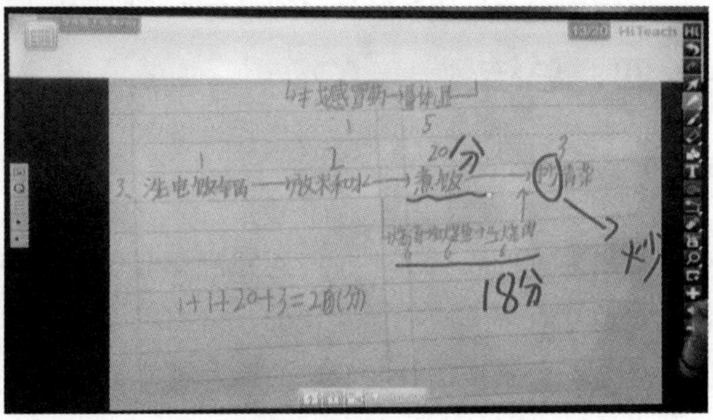

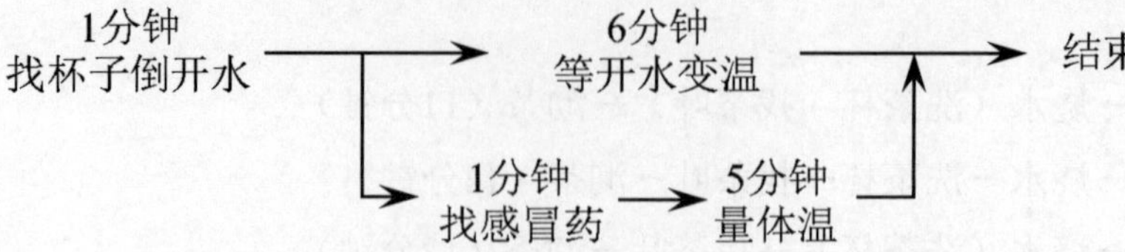

1＋6＝7（分）

2、做饭问题

老师：在大家帮助下，李阿姨很快地喝上茶，小红也得到了休息，不知不觉就到了中午，小明的妈妈准备用自己最拿手的饭菜招待李阿姨。（多媒体出示）

（1）独立思考。（计时器2分钟）

（2）小组讨论。（计时器3分钟）（小组加分）（多媒体出示流程图、手机HiTA上传）

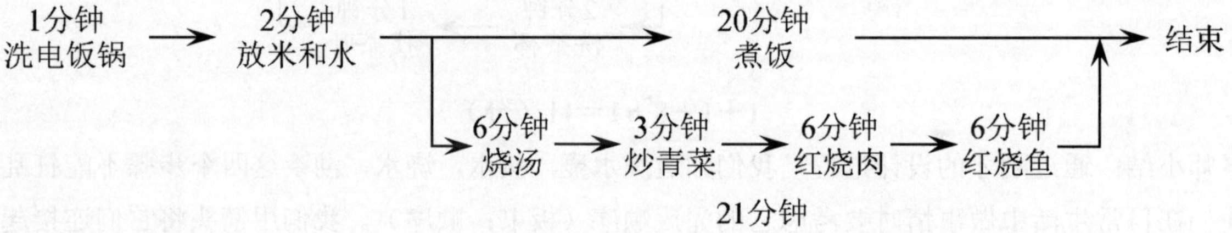

1＋2＋21＝24（分）

老师：我们在煮饭的同时，可以同时做4件事情，这里应该加的是多长时间呢？

学生：应该是21分钟，因为如果是20分钟，后面的四件事情还没有做完呢。

总结：我们刚才做的这些事情都是采用同时做的几件事情的方法来节省时间，提高效率，从而合理安排时间。

3、比较判断

老师：是不是在我们的生活中，所有的事情在一块做都好呢？出示课件。

（1）小丽边写作业边听音乐。

（2）红红边吃饭边看《少儿英语电视》节目 。

（3）芳芳边走路边看书。

总结：其实，同时进行可以节省不少时间，但有时候也要讲究健康科学的生活方式。

四、总结

1．本节课你有什么收获？

2．介绍华罗庚。

看来大家的收获真不少，其实，我们今天学的知识——合理安排时间，它叫“统筹法”。它是我国著名的数学家华罗庚倡导发现的，它的应用极其广泛，帮助人们提高工作效率。最后，老师想送给同学们一段节选自朱自清《匆匆》的话，老师希望同学们能运用今天学的知识合理安排自己的学习和生活，做一个珍惜时间的人！

五、板书设计

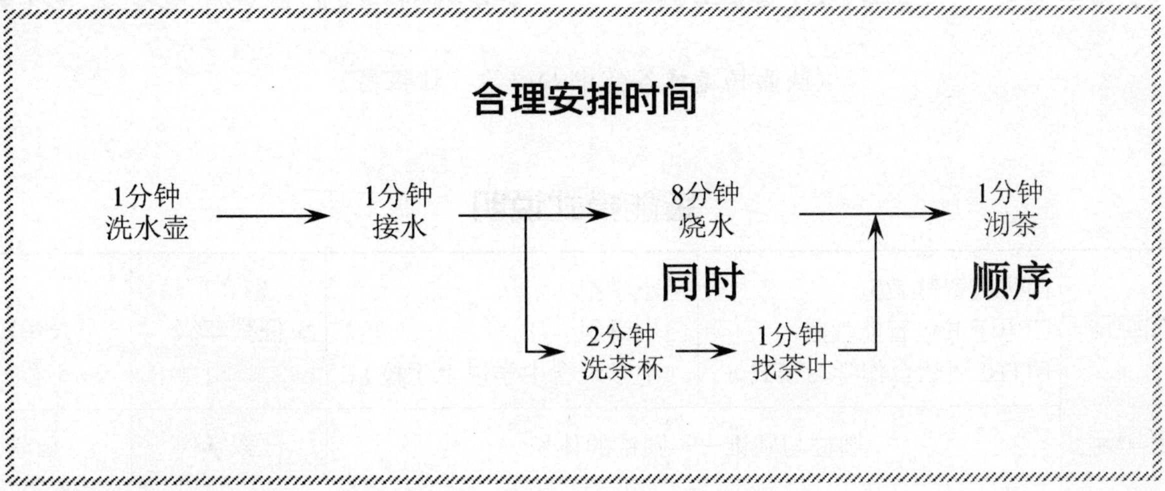

专家点评

本节课教学目标明确，重、难点突出，恰当地利用现代信息技术和信息资源，科学地安排教学过程中的各个环节和要素，尤其是利用多媒体教学给学生创设具体的生活情境，让学生充分思考、讨论从而得出结论，在节奏张弛有度、气氛轻松活跃的课堂环境中，学生学习兴趣更加浓厚，自主学习能力明显提升，体现了学生是课堂的主人与老师的主导作用，本课程整个教学环节完整、教师备课扎实、学生学的认真、教学效果明显。

案例14：《圆柱与圆锥——圆锥的体积》教学设计

（陕西杨凌揉谷镇中心小学　杜银昌）

智能模式说明

<table>
<tr><td>参加组别</td><td colspan="2">☐班级智慧教室
☐电子书包智能教室
☑TBL团队合作学习模式</td><td>☑小学组
☐中学组
（中学组含中学以上学校）</td><td>任教年级</td><td>六年级</td></tr>
<tr><td>教学单元</td><td colspan="3">圆柱与圆锥——圆锥的体积</td><td>任教学科</td><td>数学</td></tr>
<tr><td>智能模式简介</td><td colspan="5">本节课教学以TBL团队合作学习模式进行，共分六个阶段：创设情境、提出问题、预测结论、验证解释、应用拓展、课后补救；其中创设情境、提出问题有时可合为一个阶段进行。这种模式根据建构主义理论和人类认识、发现事物的规律而设计，长期训练，有利于学生发现问题、提出问题、解决问题能力的形成，有利于创新型人才的培养。</td></tr>
<tr><td>模式架构（流程图）</td><td colspan="5">创设情境 → 提出问题 → 预测结论 → 验证猜测 → 应用拓展 → 课后补救</td></tr>
<tr><td rowspan="2">模式说明</td><td colspan="2">模式流程</td><td>步骤说明（40字内）</td><td colspan="2">照片</td></tr>
<tr><td>步骤一</td><td>创设情境</td><td>复习圆柱体积，引入圆锥，对比观察，并利用抢权激发学生发现问题的积极性，聚焦学生注意力。</td><td colspan="2">
随机挑人，复习圆柱体积，为知识迁移作准备

实物对比观察，抢权回答发现，激发学习兴趣</td></tr>
</table>

续表

<table>
<tr><td rowspan="4">模式说明</td><td colspan="2">模式流程</td><td>步骤说明（40字内）</td><td>照片</td></tr>
<tr><td>步骤二</td><td>提出问题</td><td>鼓励学生依据情境中的对比发现，提出自己想知道的问题，教师利用批注功能编号记录，通过即问即答功能确定研究方向。</td><td>
学生提出问题，教师记录编号

即问即答统计，确定研究方向</td></tr>
<tr><td>步骤三</td><td>预测结论</td><td>学生通过观察，利用即问即答功能预测等底等高的圆柱与圆锥体积之间的关系。</td><td>
学生通过独立思考，借助遥控器猜测圆柱圆锥体积之间的关系</td></tr>
<tr><td>步骤四</td><td>验证解释</td><td>分组实验、讨论圆柱与圆锥体积之间的关系，透过作品观摩、展示、说明自己团队的结论。通过相互质疑、全班交流，总结圆锥体积计算方法。</td><td>
学生实验验证得出结论

作品观摩，解释团队结论

相互质疑、全班交流，完善整理结论</td></tr>
</table>

续表

	模式流程		步骤说明（40字内）	照片
模式说明	步骤五	应用拓展	能清楚说明等底等高圆柱与圆锥体积之间的关系，并在学习活动中判断这种关系成立的前提条件，归纳心得体会。	 即问即答，普测学生对知识点的理解  完成习作，写出学习心得
	步骤六	课后补救	对学习活动中存在问题的学生，利用团队协助进行补救。	 团队协作，课后补救
效益分析	1．更精准掌握学习活动中学生的真实想法，在竞争中，培养学生的探究精神和数学思维能力。 2．运用实物观察、操作、分组讨论、IRS、课堂练习、反思总结等多元评量方式，积累基本数学活动经验，提供不同学习方式，使不同的人在数学上得到不同的发展。 3．以学生为主体，教师为主导，让学生在自主探究、合作交流中感受数学探究的乐趣，培养学生对数学学科的兴趣，增强学生学好数学的自信心。 4．通过即问即答，精准反馈每位学生的学习情况，开展有针对性的课后补救，使学习活动最优化，学习效益最大化。			

专家点评

本节课最大亮点是利用信息化教具演示多媒体，展示了圆柱、圆锥的体积推导过程，使学生动手、动脑，多种感官同时参与，便于学生理解掌握圆柱、圆锥的体积公式。课堂上运用IRS等信息化手段、分组讨论、课堂练习、反思总结等多元评量方式，使老师精准掌握学生在学习活动中的真实想法。在本课中，学生的探究精神和数学思维能力得到提升，整个课堂充满乐趣，学生对数学学科的兴趣得到培养，学生学好数学的自信心不断加强，教学效果显著。

案例15：《体积单位间的进率》教学设计

（陕西杨凌张家岗小学　柴阿莉）

教学目标

1. 通过小组合作理解并掌握常用的体积单位之间的进率，并在教师的指导下通过独立思考学会常用体积单位之间的换算。

2. 在小组学习中，培养合作意识，培养学生不怕困难，勤于思考的学习态度。

教学重难点

重点：理解体积单位之间的进率。
难点：掌握体积单位之间的互化。

主要导学方法

1. 引导推理，归纳总结。
2. 实践操作，自主探究。

教学准备

HiTeach软件、小正方体。

导学流程		成果记录	HiTeach软件、教具使用	设计意图
自主学习	**活动一：复习旧知识** 回顾以前所学的知识，独立完成右边的内容	1. 常用的体积单位有（　　）、（　　）、（　　）可以分别写成（　　）、（　　）、（　　）。棱长1分米的正方体，体积是（　　）。棱长（　　）的正方体，体积是1立方厘米。 2. 长方体的体积＝（　　） 正方体的体积＝（　　） 3. 你能在括号里填上合适的单位吗？ 一台冰箱的体积约是1.5（　　）。 一块砖的体积约是2.5（　　）。 一个苹果的体积约是120（　　）。	计分板 挑人 抢权回答	概括旧知识，引出新知识，温故而知新，而且为本节课的学习扫清知识出门障碍。 利用计分板的评价功能激发小组的竞争力，为高效课堂教学提供保证；利用挑人、抢权功能激发学生兴趣、注意力。

续表

<table>
<tr><th colspan="2">导学流程</th><th>成果记录</th><th>HiTeach软件、教具使用</th><th>设计意图</th></tr>
<tr><td>自主学习</td><td>活动一：复习旧知识
回顾以前所学的知识，独立完成右边的内容。</td><td>4．填一填。
7.2 m＝（　　　）dm
55 cm＝（　　　）dm
1 dm^2＝（　　　）cm^2
0.05 m^2＝（　　　）dm^2
100.5 cm^2＝（　　　）dm^2
280 dm^2＝（　　　）m^2</td><td>计分板
挑人
抢权回答</td><td>概括旧知识，引出新知识，温故而知新，而且为本节课的学习扫清知识出门障碍。
利用计分板的评价功能激发小组的竞争力，为高效课堂教学提供保证；利用挑人、抢权功能激发学生兴趣、注意力。</td></tr>
<tr><td>探究发现</td><td>活动二：合作探究
观看微视频，对子合作完成右面内容</td><td>1．观看微视频：1立方分米＝1000立方厘米。
2．对子交流探讨：依照上面的方法，你能推断出1立方米等于多少立方分米吗？
3．小组探究：长度单位、面积单位、体积单位的比较。
<table><tr><th>项目</th><th>常用单位</th><th>相邻两个单位间的进率</th></tr><tr><td>长度单位</td><td></td><td></td></tr><tr><td>面积单位</td><td></td><td></td></tr><tr><td>体积单位</td><td></td><td></td></tr></table></td><td>计分板
计时器
手机拍照学生探究过程推送至白板
计分板手机拍照学生作品推送至白板小组成员汇报</td><td>探究部分分为三大块：一是观看微视频，了解立方分米和立方厘米进率的推导过程；二是对子交流探讨，推导立方米和立方分米之间的进率；三是小组合作探究，长度单位、面积单位、体积单位的比较
利用计时器的功能提高探究的效率。合作探究后采用推送功能，拍照上传，老师在这里只开四个席位，激发小组之间的竞争力，组长进行展评，在展评过程中用不同的笔来进行批注，并对各个组的展评和倾听情况进行评价（计分板功能）</td></tr>
<tr><td>实践应用</td><td>巩固练习
用你刚才学过的知识独立完成右面的练习题</td><td>1．在括号内填上合适的数。
3.8 m^3＝（　　　）dm^3
25 dm^3＝（　　　）m^3
2400 cm^3＝（　　　）dm^3
500 dm^3＝（　　　）m^3＝（　　　）cm^3</td><td>IRS作答
挑人/抢答</td><td>通过知识点的练习，巩固体积单位间的进率，使学生印象深刻
IRS作答、挑人/抢答激发兴趣</td></tr>
</table>

续表

导学流程		成果记录	HiTeach软件、教具使用	设计意图
实践应用	**巩固练习** 用你刚才学过的知识独立完成右面的练习题	2. 一个牛奶包装箱的尺寸是50 cm×30 cm×40 cm（包装箱上标注的尺寸一般都是这个长方体的长、宽、高），这个牛奶包装箱的体积是多少立方米？	独立完成，小组讨论平板推送至白板 作品观摩 投票	解决实际问题，将本节课所学的知识应用于实际生活中，学生充分感受到数学来源于生活，服务于生活 四个作品席位，增加小组的竞争力，票选最优方案，渗透优化思想
	拓展延伸 小组讨论交流完成右面的习题	3. 一个正方体铁块，棱长8 dm，把它锻造成一个长100 cm，宽40 cm的长方体，长方体的高是多少厘米？	推送 小组讨论 平板推送 作品观摩	拓展延伸，让学有余力的同学有所提高
自我总结	全课总结 分享成果	通过今天的学习，我学会了： 我的问题是： 我给大家的建议是：	抢权回答 挑人回答 飞迅 计分板	“带着问题进课堂，带着问题出课堂”评选本节课的优胜小组，让评价落到实处

效益分析

一、借助智慧教育中的IRS反馈系统，精准掌握学生的学习情况

运用IRS反馈系统进行知识检测，准确把握学生的起点，为课堂中的探究活动奠定基础，而且营造了一个比、争、赶、超的学习氛围。

数学知识是一条线，哪个知识点出现了断层都会直接影响孩子的成绩，许多新知识都是在旧知识的基础上迁移的，所以在新知识的教学时教师必须准确地把握学生知识的生成点，只有准确地把握了学生的学情，才能更好地进行新知识的学习。如在《体积单位间的进率》一课中，课前设计了长方体和正方体的体积计算和长度单位和面积单位改写的习题，为本节课的体积单位进率探究奠定基础。而且利用IRS反馈系统进行课后检测，一对一地呈现出对本节课知识的掌握情况，真正了解每位学生本节课的真实收获，有针对性地开展集体教学补救或个别辅导补救，真正实现了一对一的教学。

二、借助智慧教育创设新颖的教学情境，激发学生的学习兴趣

智慧教育地融入有利于创设新颖的教学环境和教学模式将从教师讲授为主转为从学生动脑、动手自主研究、小组学习讨论交流为主。把数学课堂转为“数学实验室”，学生通过自己的活动得出结论，激发学生学习兴趣。

如在《体积单位间的进率》一课中，先是安排学生根据微视频1立方分米＝1000立方厘米，了解立方分米和立方厘米进率的推导过程；二是对子交流探讨，推导立方米和立方分米之间的进率；三是小组合作探究，长度单位、面积单位、体积单位的比较。利用计时器的功能提高探究的效率。合作探究后采用推送功能，拍照上传，老师在这里只开四个席位，激发小组之间的竞争力，组长进行展评，在展评过程中用不同的笔来进行批注，并对各个组的展评和倾听情况进行评价（计分板功能），真正做到了学生去探究知识。在此过程中，学生学习积极性非常高，求知欲望非常强。因此可见，智慧教育技术的使用，调动了学生学习的积极性、创造性，改进学生的学习方式，促使他们主动地学习和发展。

三、借助智慧教育发展学生思维，使思维“可视”

借助智慧教育HiTeach软件发展学生思维，帮助学生形成更高效的概念与能力，它能够展示知识的形成发展过程；能够变抽象为具体、变静为动等。学生可以达到传统途径下无法实现的领悟层次，不仅使学生的逻辑思维能力、空间想象能力得到更好的训练，而且还有效地培养了学生的发展思维和直觉思维。

在《体积单位间的进率》一课学习中，学生小组内一次次的探究尝试、讨论，教师用手机HiTA记录，给全班同学呈现可视的小组探究过程，并对此进行评价，而激励小组探究的积极性。

由此可见信息技术传递动态使思维“可视”，为帮助学生理解数学提供直觉材料，为发展学生数学能力提供了必要的感性准备。学生通过观察、实验、发现、猜想、交流等多种形式的活动，提高了思维能力，拓展了思维空间。

四、借助智慧教育系统中的录屏功能，及时进行教学反思，提高教学艺术

每节课利用HiTeach中的录屏功能，录制本节课的教学过程，不仅有助于教师及时对课堂教学进行反思，提高教学艺术，而且也能从中诊断出学生的学习情况，利于后面教学的诊断与补救。

五、营造一个比、赶、超的竞争氛围

每一节课的教学中的计分板、计时器的使用，给学生营造一个比、赶、超的竞争氛围，而且使评价落到实处。

总之，智慧教育在数学教学中的应用改变了我们传统的数学教育思想与教学模式，如何将智慧教育更好地融入数学教学中，使它更好地服务于我们的教学，将是我后面一直探索的课题。

惊喜的奔跑者

新课程理念下的数学教学由“关注学生学习结果”转向“关注学生活动”、“重塑知识的形成过程”，课程设计、实施将由“给出知识”转向“引导活动”。倡导学生主动探索、自主学习、合作讨论，体现数学再发现的过程，数学教学不再是教师向学生传授知识的过程，而是给学生创造环境，鼓励学生“观察”、“操作”、“发现”，在这个过程中通过合作交流，让学生发展自主学习的能力，发展学生的个性品质，从而激发学生的学习兴趣，提高学生学习数学的能力。我们教师在整个教育、教学过程中与学生处于同等地位，是共同的“参与者”、“学习者”，是教学过程的“引导者”。

在平时的数学教学中，我也一直倡导学生主动探索，自主学习与合作学习相结合，但如何在大班化的条件下直观地呈现学生的自主学习效果以及小组学习的交流等，一直是我教学的最大困扰。直到参观了成都泡桐树小学，走进了TEAM Model智慧教室，学生手里拿着iPad跟老师互动，老师则在投影仪和电子白板、实物提取机以及我们的智能手机的辅助下进行课堂教学，课堂中的学生表现教师及时进行评量、反馈，教师根据教学诊断情况进行补救，让我看到了解决大班化下的一对一对教学的亮光和惊喜。但问题又来了，我能做这些操作吗？我可以吗？我在平时的课堂教学中如何用呢？带着这些初步的疑问，我参加了杨凌电教中心组织的培训活动，通过培训，了解了什么是智慧教育，智慧教育的核心是什么，智慧教室有哪些功能和特色，并初步了解HiTeach教学软件中的几种教学模式、功能，尝试使用HiTeach教学软件进行课堂教学，短短的几天培训后，尝试了一节试水课，初步尝到了甜头，原来也没有自己想象的这么难，在学校给同学科的老师传授自己的那一点小小的使用技巧，尤其是在西北好课堂大赛中使用HiTeach教学软件进行课堂教学，使听课的学生、老师、评委眼前一亮，课堂教学效果显著，会后为此取经学习的老师不断，从此后就走在了智慧教育的路上。

2015年6月、10月参加了两次智慧教学赛课活动，由原来上课为了使用工具而进行教学设计到现在为了教学而使用软件中的工具，一节课不求使用多少软件中的工具，而是让软件中的工具用得恰到好处，真正为教学服务，现在计分板、计时器、批注、挑人、即问即答、挑权、作品观摩功能伴随在每一节课中，学生学习的兴趣更浓了，我上课也更有激情了，课后针对课堂教学情况及时进行诊断和分析，作出合理的补救措施。

在教学的路上，我一直奔跑着、探索着，现在插上智慧教育这个翅膀，相信在这个漫长而艰辛的教育改革路上，肯定会有一个个惊喜等着我，我相信正因为这一个个惊喜，我会一直奔跑下去。

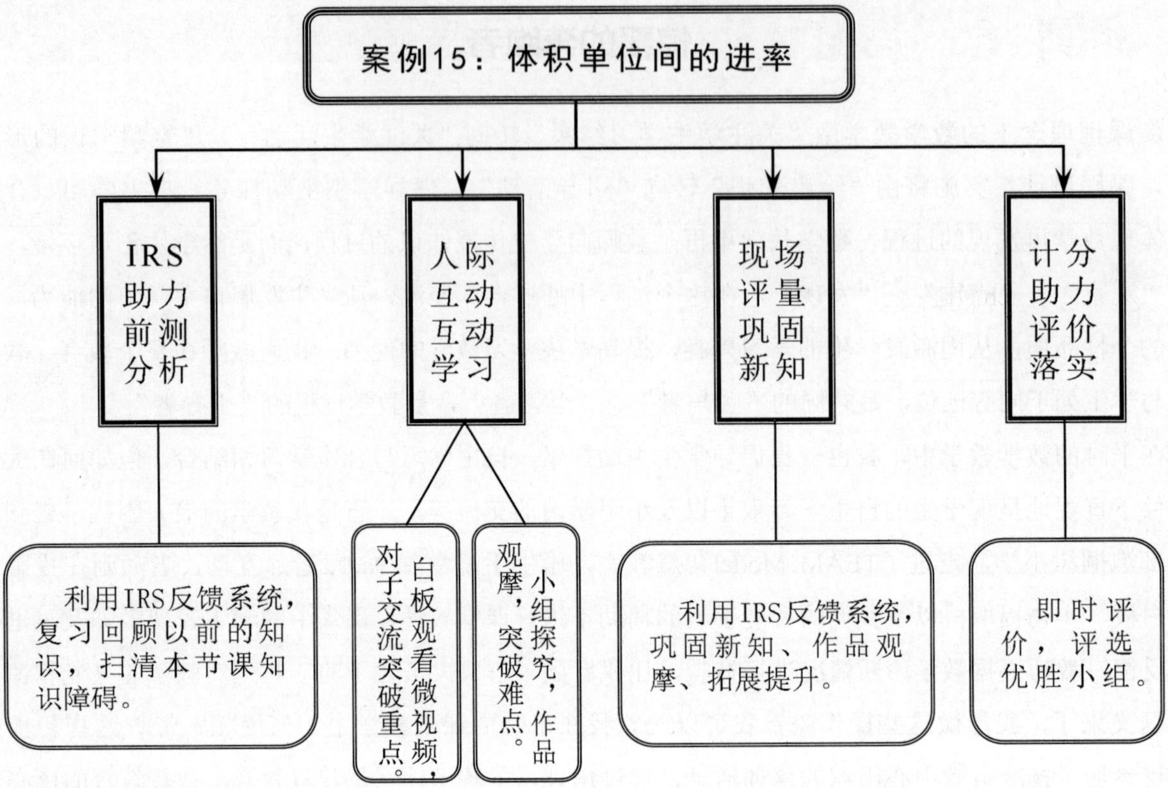

专家点评

专家点评本节课教师根据学生特点，指导学生独立思考，学会常用体积单位之间的运算，亮点在于在教学过程中运用IRS反馈系统进行知识检测，真正能了解每个学生的课堂效果；教学模式上从教师讲授为主转为从学生动脑、动手自主研究、小组学习讨论交流为主，把数学课堂变为“数学实验室”，学生通过自己的活动得出结论，极大地激发了学习兴趣。借助智慧教育HiTeach软件发展学生思维，同时培养了学生的合作意识，理论联系实际意识，本课堂整体备课、学生掌握良好，教学成果突出。

案例16：《My Favourite Colour》教学设计

（陕西杨凌揉谷镇中心小学 解亚绒）

<table>
<tr><td>智能模式简介</td><td colspan="4">根据小学生的心理特点，结合智慧教室的HiTeach互动教学系统，本课分为四个环节：HiTeach激趣；引入教学、小组合作；智慧互动、练习拓展；推荐作品、课堂小结；巩固新知识。让学生在轻松愉快的环境中感受语言，在做中学、在玩中学、在表演中学。</td></tr>
<tr><td>模式架构</td><td colspan="4">HiTeach激趣
引入教学 → 小组合作
智慧互动 → 练习拓展
推荐作品 → 课堂小结
巩固新知</td></tr>
<tr><td>模式说明</td><td colspan="2">模式流程</td><td>步骤说明（40字内）</td><td>照片</td></tr>
<tr><td rowspan="3">模式说明</td><td>步骤一</td><td>HiTeach
激趣
引入教学</td><td>利用HiTeach软件中“聚光灯”功能设计与教学内容相关的游戏，来有效地激发学生兴趣，给学生创造一个很直观的英语词、句学习氛围，让学生更快复习词、句。</td><td></td></tr>
<tr><td>步骤二</td><td>小组合作
智慧互动</td><td>采用IRS及时反馈系统进行抢权、挑人、即问即答透过提问，对全体学生进行学习评价，小组开展互动讨论，可以准确、及时地了解到每位学生对知识点的掌握情况，把握课堂方向。</td><td></td></tr>
<tr><td>步骤三</td><td>练习拓展
推荐作品</td><td>通过本课学习，让学生用所学单词和句型make a survey展开互动，进行拓展练习，通过平板推送作品到教师端进行评讲，进而创造出教师、学生、作品之间高效的智慧互动的学习环境。</td><td>

</td></tr>
</table>

续表

模式说明	步骤四	课堂小结巩固新知识	引导学生对所学知识进行小结，查验自己对本课知识的掌握情况。并通过记分板对小组激励性评价，激发学生学习英语的兴趣。	 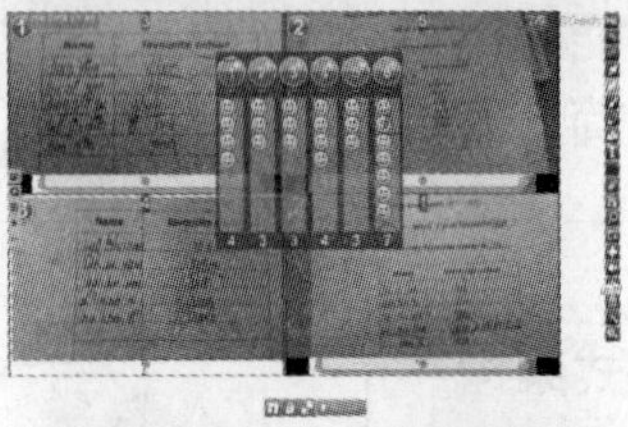 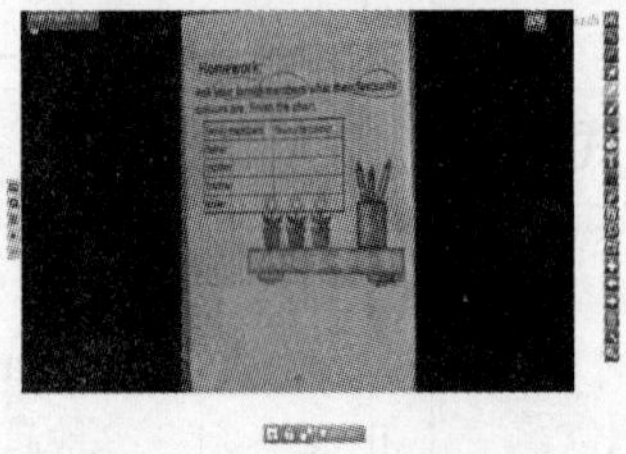
效益分析	TEAM Model智慧教室系统的使用给我的英语课堂带来了新的挑战智慧课堂不仅让孩子们在堂上注意力更加集中，更让孩子们在课堂中能够乐学、会学、主动、轻松得获取知识。 在英语课堂的实践当中，如何让HiTeach软件与英语学科特点相融合，让课堂更加生动，让学生的活动更加主动，使师生之间、生生之间、生本之间有更多的互动，是我在教学实践当中需要进一步学习和向专家、老师们请教的。			
心路历程	HiTeach智慧教室系统的使用给我的英语课堂带来了新的挑战。对于我来说，无疑是又一次新鲜的尝试。通过短短的几节课，我只看到了智慧教室的冰山一角，但却感受到了智慧课堂的无穷魅力。这样的课堂，充分体现了TBL模式以团队合作为主，让学生自己利用网络查找资料和同学分享，利用IRS反馈器很好的互动，将传统的英语课与信息技术充分结合。通过电子白板授课，学生分成9组，手里拿着反馈器可以抢答，和老师互动，积极参与到各个学习环节中，认真听老师讲解每一个知识点。整节课上，学生操作的每个步骤都被记录下来，传输到云端诊断分析系统，为每个学生都生成一份教学效果诊断书。智慧课堂不仅让孩子们在课堂上注意力更加集中，更让孩子们在课堂中能够乐学、会学，主动、轻松地获取知识。			

专家点评

从教师的教学设计中能看出在每一环节中都能运用到了智慧教室互动教学系统，该系统确实在英语教学中发挥了不可小觑的作用，建议教师在运用系统的过程中不能是为了用而用，而应该从教学内容和学生的实际出发，适时地予以利用，从而提高课堂效果。

案例17：《Would You Like Some…?》教学设计

（陕西杨凌高新小学　刘佳丽）

本课是出自冀教版英语三年级下册第三单元14课Would you like some…是一节会话课。本课教学内容紧紧围绕食物单词话展开，学生要掌握并能熟练的运用句式

——Would you like some…?

——Yes, please. / No, thanks.

针对此内容，权衡了学生的知识储备，我将本课的教学目标确定为：

1．学生能听懂，读懂，会说，运用食物类单词soup, dumplings, noodles, rice。

2．能理解并熟练运用新句型进行交流：

——Would you like some…?

——Yes, please. / No, thanks.

本课重点

学习运用单词：soup, dumplings, noodles, rice。

本课难点

理解并运用对话：

——Would you like some…?

——Yes, please. / No, thanks.

本节课以情境教学法为主线，辅以听说法、说唱法、直观教学法、交际教学法等让学生在做中学、玩中学，鼓励学生积极参与，学生调动眼、耳、口、手、脑等多种感官参与学习活动，提高了学习的效率。

本节课的教学中，我采用的教学工具有四张食物单词卡片、四线三格贴、PPT、视频、教学一体机的HiTA软件等。在这里我想重点说一下教学一体机的运用情况，我采用的是一体机上智慧教育软件，此软件的功能很多，所以选用软件功能时要有取舍，要当用则用、为我所用。针对本课的重难点知识，我使用了该软件的抢权、选人功能、平板推送做题，以及学生端IRS反馈器答题等功能，从而让一体机为教学服务，帮助师生突破教材的重、难点。

教学过程

一、Warm up

热身环节，先用歌曲学生思维带入英语课堂模式，再用HiTeach软件中记分板功能分组，并强调评

价作用，调动学生积极性。

二、Presentation

1．新知识呈现环节用一体机的四方遮幕功能，给学生留悬念，鼓励学生用IRS抢答更能猜测下一个出现的食物，为课堂增加趣味性。学生在不知不觉中掌握的目标单词：soup, dumplings, noodles, rice.

2．此环节的巩固练习使用聚光灯，屏幕拖拽等功能来巩固单词的音、形、意。

3．体现教育公平性可用随机挑人功能对学生知识掌握情况当堂检测

三、Practice

此环节我设计的活动是运用听说法，说唱法和交际法回归课文，通过三遍视听训练来了解课文人物的感觉并将课文对话融会贯通。

第一遍播放教学视频，学生观看，抓住课文大意。第二遍抛开课文，将听说训练融入4个听力题中，学生听音，获取重要知识点，用IRS反馈器作答，老师通过软件对每一位学生的作答进行数据分析，学生集中强化的熟悉了课文内容，抓取了课文的重、难点，老师通过分析数据，及时对教学效果做到心中有数，可有的放矢的确定下步教学目标。第三遍播放视频，学生跟读，深入了解课文，达到对文本能熟练、流利地诵读。接着鼓励学生在小组里分角色表演课文，并进行汇报表演，师此时将课堂交给学生，让口语流利、积极表现的学生带动性格内敛、接受能力弱的学生，相互取长补短，进行目标语言的操练。Practice的最后部分是说唱法巩固目标语言，将语言的机械操练转变为轻松愉悦的教学活动，面对全体学生，让学生在玩中学。

四、Production

语言的功能就是运用语言交际功能解决生活中的实际问题。在拓展环节，我利用教室端平板推送表格给各小组，组内成员自编对话，完成表格统计并上传结果，此功能快捷、便简，师生之间、生生之间有效互动，课堂自然生成灵动的效果。从上课效果看，这个环节很好地发挥了学生的自主学习能力，小组协作能力，训练了学生的语言综合运用能力。

四 效益分析

我在运用智慧教育软件时会秉承这一理念：通过分析每堂课的重、难点来选择该软件的功能。智慧教育的软件功能很多，如果不加选择地用，课堂就会被科技驾驭，课堂缺少自然生成，缺少灵动，老师和学生就会被牵着鼻子走。因此，使用智慧教育一定要把握“当用则用，为我所用”的原则。

针对这一问题，在课程设计时，我会针对学科特点，选择能为本堂课服务、帮助我和孩子们击破重难点的软件功能。如教颜色词时，我会选择HiTeach中的调色板功能，来呈现各种颜色。在词汇教学时我会选择聚光灯、屏幕遮布、屏幕拖拽等功能来完成单词呈现、练习、复习巩固等教学环节。听力训练时，利用IRS反馈器，来实现传统的“一对多”的课堂模式成功转换成“一对一”的模式。老师适时掌握教学效果，评价及时，通过对学生答题的数据分析，及时调整教学步骤。在知识归纳的课型上，我会

选择平板推送功能，将表格推送给学生，通过小组成员间协作，完成表格，推送给老师。学生根据表格内容进行口语训练、汇报总结，既加强了学生的归纳总结、处理信息的能力，又训练了口语表达能力。在读写课和练习课上，我会选择HiTA功能，将学生的书写作业即时拍照上传，师生共同为作品把脉，评价即时。再高科技的课堂都是人的课堂，课堂的一切活动都应该是围绕老师和学生的。为了调动学生的学习能动性，体现课堂公平，我会选择HiTeach中的选人和抢答更能，很好地调动课堂气氛，让学生在快乐、竞争、互相学习中体会语言的魅力、学习的乐趣和成就感。

总之，智慧教育在课堂上的运用，是当我们对教育之道有较深的体会时，再运用智慧软件去获取教学方法和策略，只要老师运用得当，那教育就是顺其自然、水到渠成的事情，我们的课堂就一定是充满“智慧”的课堂。

<table>
<tr><td rowspan="2">课题或内容</td><td rowspan="2" colspan="2">Lesson 14 Would you like some…?</td><td>教时</td><td>1</td><td>学校</td><td>陕西省杨凌示范区
杨凌高新小学</td></tr>
<tr><td>总课时</td><td>1</td><td>执教</td><td>刘佳丽</td></tr>
<tr><td rowspan="3"></td><td>知识技能</td><td colspan="5">Language Skills
a. Be able to give suggestions about what to eat and respond properly in different situations.
b. Be able to sing the chant: Are you hungry?
Language knowledge
a. To learn to aurally understand, orally use, recognize and spell the words: noodles, soup, rice
b. To learn to aurally understand, orally use and recognize the word: dumplings
c. To learn to recognize, understand and use the construction:
——Would you like some…?
——Yes, please. / No, thanks.
Learning Strategies
a. To guide Students to communicate via the key sentence structure.
b. To make full use of opportunities to express and communicate in English.
Culture Awareness
To provide suggestion and respond in a proper and polite way.</td></tr>
<tr><td>过程方法</td><td colspan="5">Teaching Method
situational teaching method, game teaching method, competition method, task-based teaching method, intuitive demonstration method
Learning Method
individual work, pair work, group work, group competition, imitation, listening and speaking</td></tr>
<tr><td>情感态度与价值观</td><td colspan="5">Affective Attitude
a. To experience the fun in English learning and participate in activities actively.
b. To cooperate with others in pair work and group work.
c. To care about others and cherish life.</td></tr>
</table>

续表

教材分析	重点	**Important Points** a. To learn to aurally understand, orally use, recognize and spell the words: noodles, soup, rice. b. To learn to recognize, understand and use the construction: ——Would you like some…? ——Yes, please./ No, thanks.		
	难点	**Difficult Points** a. Be able to say the sentence correctly: Would you like some…? b. Be able to give suggestions about what to eat and respond properly.		
	教法学法	Look, listen, say, sing and play.		
	教具	**Teaching Aids** pictures, PPT, hat, happy face and sad face, word cards		
教学模式	内容	教师引导具体步骤方法	学生主体活动与要求	媒体作用及分析
Step 1	Greeting	T: Good morning, boys and girls! S: Good morning, Miss Liu! T: Are you ready for English class? S: Yes. T: Let's go!	Greet in English	首先以热情的问候与欢快的歌曲活跃课堂，让学生进入英语氛围，使其放松心情。
Step 2	Warming-up	1.Let the students sing songs "I Want to Eat". 2. Group Dividing 3. Lead-in: a. Set a scene: I am in the restaurant. I am a waitress. b. Brain Storming: what food do you know? c. Introduce the sentence pattern: ——Are you hungry? ——Yes, I'm very hungry.	Sing and do the actions. 1．先让学生感知歌曲中食物单词的力。边唱边做动作。 2．头脑风暴游戏，利用小学生好胜心理，快速回忆食物单词。	1．以一首英文歌曲做基础进入新课领域。 2．用HiTeach软件中的记分板功能分组，并强调评价作用，调动学生积极性。 3．利用IRS反馈器强权功能，有效检测学生的知识储备。
Step 3	Presentation	1. Introduce the four words about food: noodles, dumplings, soup, rice. a. High and low voice. b. Quick Response. / What's missing?	Listen and learn to say. Ask and answer.	1．呈现单词时用一体机的四方遮幕功能，给孩子留悬念，为课堂增加趣味性。 2．复习巩固单词的音形意时可用聚光灯，屏幕拖拽等功能。 3．体现教育公平性可用随机挑人功能对学生知识。

续表

<table>
<tr><th>教学模式</th><th>内容</th><th>教师引导具体步骤方法</th><th>学生主体活动与要求</th><th>媒体作用及分析</th></tr>
<tr><td>Step4</td><td>Practice</td><td>1. Read the text.
2. Listening Practice
3. Practice in roles.
4. Act it out.</td><td>1.Listen and read.
2.Listen and do.
3. Act.</td><td>1. 视听法教学进行听力练习。将文本内容设计成四道视听题，学生用IRS反馈器即时作答，教师结合后台数据分析，即时掌握学生语言输入情况，并针对结果调整进度和策略。</td></tr>
<tr><td>Step5</td><td>Production</td><td colspan="2">Your birthday is coming, and you want to have a birthday party. So you have to prepare some food for your friends.
<table>
<tr><td>Name</td><td>Li Ming</td><td></td></tr>
<tr><td>rice</td><td></td><td></td></tr>
<tr><td>soup</td><td></td><td></td></tr>
<tr><td>noodles</td><td></td><td></td></tr>
<tr><td>dumplings</td><td></td><td></td></tr>
<tr><td>juice</td><td></td><td></td></tr>
<tr><td>Tea</td><td></td><td></td></tr>
</table>
Would you like some…?
Yes, please.
No, thanks.</td><td>平板推送表格给各小组，组内成员自编对话，完成表格统计并上传结果，此功能快捷，简便，师生之间、生生之间有效互动，课堂自然生成灵动，有效果。</td></tr>
<tr><td>Summary</td><td colspan="3">a. Where to use “would you like some…?”不同情境
b. Help others.
Cherish your life.
Be happy everyday.
c. Find out the best group.</td><td>结束课时统计各小组得分情况，进行有效评价，并保存记录。</td></tr>
<tr><td>板书设计</td><td colspan="4">Lesson 14 Would you like some…?
Would you like some?　　Noodles　　dumplings
Yes, please.　　rice　　soup
No, thanks.</td></tr>
</table>

专家点评

该课是一节会话型课，教学设计中体现了“词不离句，句不离境”的教学理念。在本节课中，教师将新知识的呈现建立在学生已有的经验基础之上，通过现代信息技术的运用，为学生体验、参与、实践与合作学习提供了充分的机会。活动设计能从学生的实际出发，使学生积极参与到获取信息和处理信息的过程中，并学习如何进行统计和汇报结果，实现了语言学习与语言运用的有机结合。

案例18：《Lesson 12 More Letters》教学设计

（陕西杨凌揉谷镇中心小学　冉金平）

学习内容分析

本课为冀教版三年级上册Unit2中的字母W、X、Y、Z的大小写，以及与字母相关联的单词的认读。使学生掌握并学会联想生活中的字母并应用到实际生活中来，掌握字母书写规范，正确辨认大小写，并能够单词找字母。

学生分析

三年级学生好动、活泼，由于大部分学生之前没有接触过英语，对英语保持一颗强烈的好奇心，也对这一门新授的语言保持陌生感，所以教师在英语课上要充分调动学生学习英语的兴趣，使学生树立起信息从被动的学习状态转为我要学英语，我想学英语的学习状态。由于前几课字母的学习和积累，在复习的基础上进行新授，会更易于学生的接受。

一、教学目标

（一）知识技能目标

1．学生能人读书写字母Ww，Xx，Yy，Zz，了解它们在单词中的读音。

2．学会唱歌曲：A，E，I，O，U。

（二）情感态度目标

学生敢于开口，乐于学习课本的句型和单词。学生对本课歌曲有积极的兴趣，体验用英语交流的乐趣。学生主动参与小组交流活动，并与他人积极合作。

（三）学习策略目标

学生在学习中集中精力，对所学内容主动联系和运用。学生积极与他人合作，共同完成学习任务。

二、教学重难点

字母：Ww，Xx，Yy，Zz。

三、教学过程（T：Teacher，S：Student）

Step1: Class opening and review.

T: Hello. Boys and girls. How are you?

S: I'm fine, thanks.

T: Let’s sing the “ABC Song”.
S: Sing the song.

（游戏活动不仅促进和激发学生的学习兴趣，而且能达到操练的效果，并巩固已学知识。本次游戏进一步巩固了学生们的所学内容，提升了学生们的认读能力和反应速度。）

T: Good. We have learned A B C D E… Today we will learn…

通过歌曲复习前几课所学内容，为学习新课作铺垫。通过问答，导出本课要学内容。

Step2: New concepts.

Part 1.Letters

（1）Show the cartoon.

板书：W w　X x　Y y　Z z

注意每个字母在四线三格上的位置和书写顺序。可以拓展W：white，S: school，Y: yes，Z: zoo。

Show the cartoon again. Follow it.

（2）Let’s sing.

可以边唱歌边做字母动作，既有趣，又帮助学生记忆，让学生初步了解这几个字母发音是多变的。

（3）Let’s play!

字母迷宫有趣好玩，还可以让学生把这些大写字母对应的小写字母写出来。

（4）Let’s do it!

让学生边唱歌边填入所缺字母。

（能正确书写字母和单词是新课标中的要求，为学生的书写能力的提升提供了理论方向。通过写单词，进一步加深学生对字母“形”的理解和认知，是学生对字母达到音、形、义的结合。）

（5）Find the neighbors. 找邻居。

让学生写出所给字母的相邻字母。

1.　c　d　(　)　①f　②e　③E
2.　(　)　M　N　①I　②O　③L
3.　h　(　)　j　①I　②i　③K
4.　S　(　)　U　①T　②t　③V

（巩固所学知识，提升学生对字母的应用水平。）

（6）What color is O/P/S/T? It’s red/….（S=Student）

S1: What color is O?
S2: It’s red.

小组合作练习，完成表格，并汇报。

Step3: Class closing.

Homework:

1．Write the 26 letters.

2．Read the book.

（根据新课标要求，作业体现开放性思维，达到课堂向课下的有效延伸。）

T: Now class is over, goodbye!（T=Teacher，S=Student）

S: Bye!

四 板书设计

Lesson12: More Letters

W w	X x	Y y	Z z
window	X-ray	yellow	zoo
	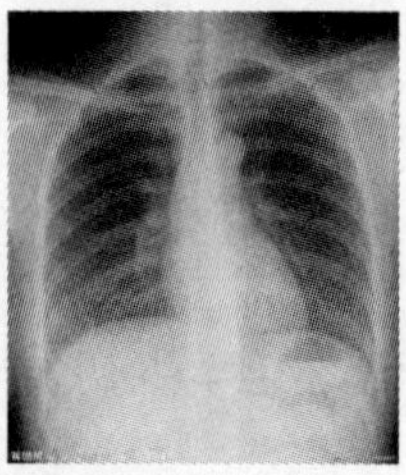	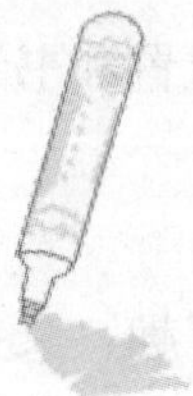	

本节课的题目，让学生先了解上课内容。

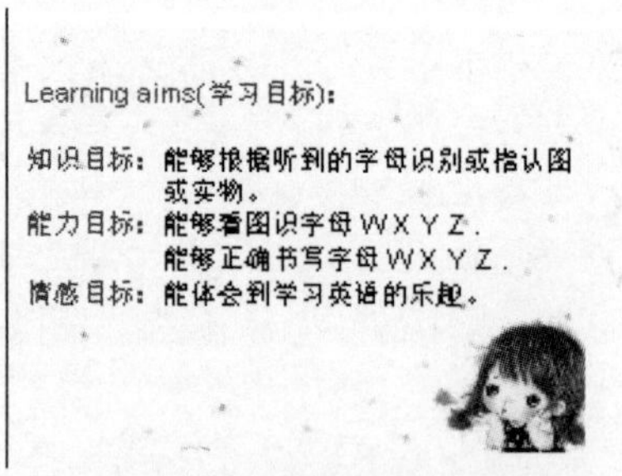

本页PPT采用推送功能，避免后排学生看不见的现象，让学生了解本节课的重点内容。

本页PPT也就是这节课的重点内容，采用微课的形式播放，让学生依次来跟读，熟练掌握本节课的知识点。

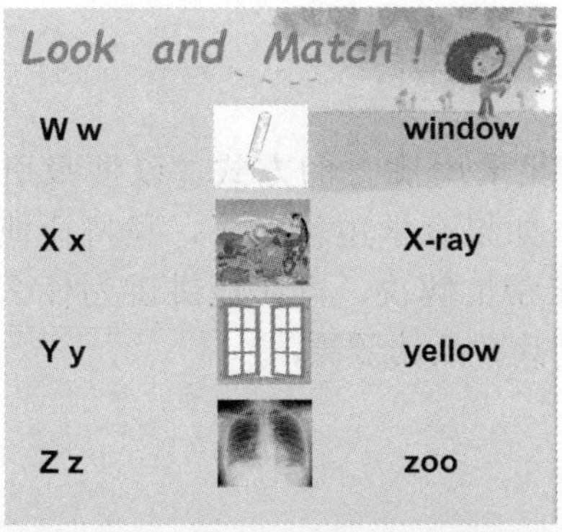

本页PPT采用抢权功能，激发学生学习兴趣。最后再进行讲评，使学生更牢固地掌握本节课的重点内容。

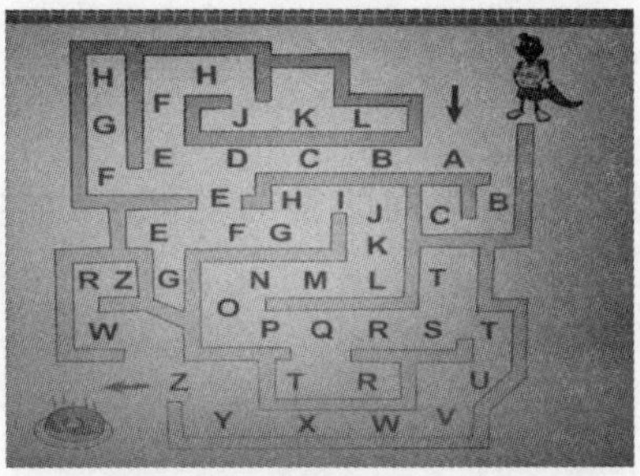

本页PPT在教学上，先将整个页面推送给学生，使学生可以更加方便地在平板上操作，然后学生以小组为单位上传他们的作品，最后老师再进行讲评。

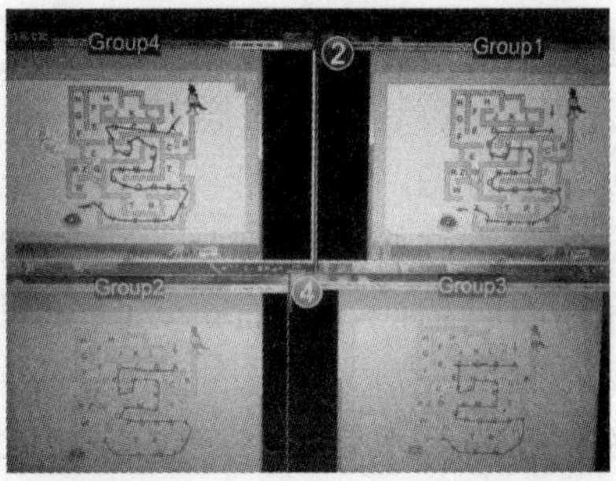

本页是学生以小组为单位上传作品，培养他们小组合作意识，老师进行点评，然后给做得好的小组进行加分，激发学生的学习兴趣。

本页是课本上的习题，要求学生在课本上完成再以小组为单位拍照上传作品，这是为了方便学生的书写。最后老师再进行纠错点评。

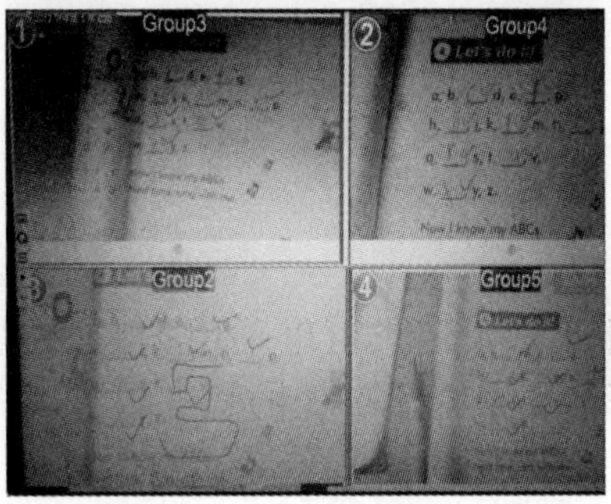

本页是学生以小组为单位上传的作品，老师用红色的笔进行点评，给全部正确的小组进行加分。在这里要特别强调这一组字母全都是小写形式，要求学生要注意区分大小写。

本页PPT我采用挑人的方式，以便吸引学生的注意力，如果有学生答错了，我将让他们小组的成员来帮忙解决，再让他讲讲为什么选这个，以达到兵救兵的效果。

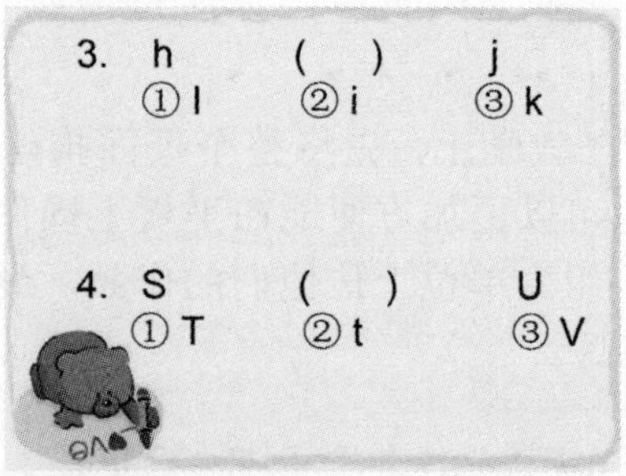

这两道题我采用即问即答的功能，让学生完成选择。

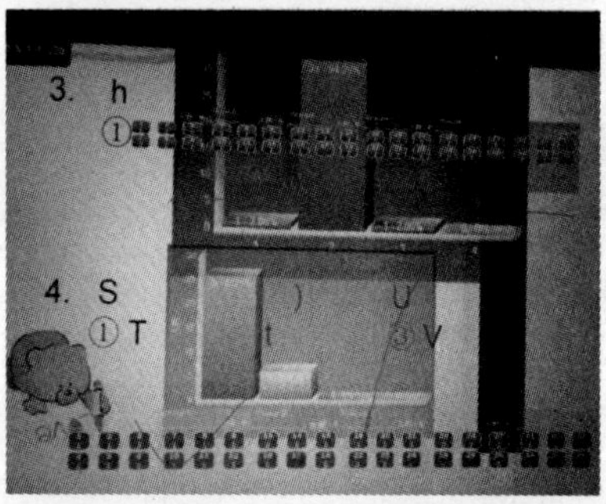

先利用柱形图显示学生的正误率，然后利用翻牌功能获得学生具体的答题情况，同时拍照，然后让小组讨论，清除第一次作答记录，让学生作出第二次选择，翻牌显示第二次具体的作答情况，同时拍照，最后挑选改变观点的学生讲解自己的观点，最后达到兵教兵的目标。（在这里我要再次强调区分字母的大小写形式，以牢固记忆。）

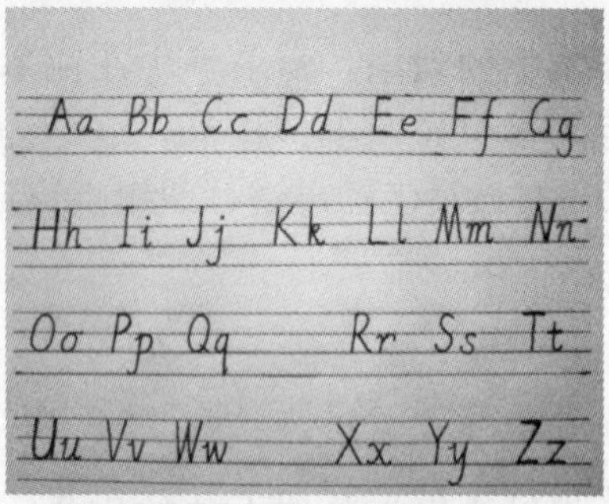

本张PPT我采用聚光灯的功能，让全班学生都参与进来，总的复习了我们学过的所有字母，课堂的气氛达到高潮。

本页设计比较灵活，可以采用抢权或挑人等功能来让学生完成对本节课的总结。

这首歌我采用微课的形式播放，让学生跟着一起唱，在轻松愉快的氛围中结束这节课。

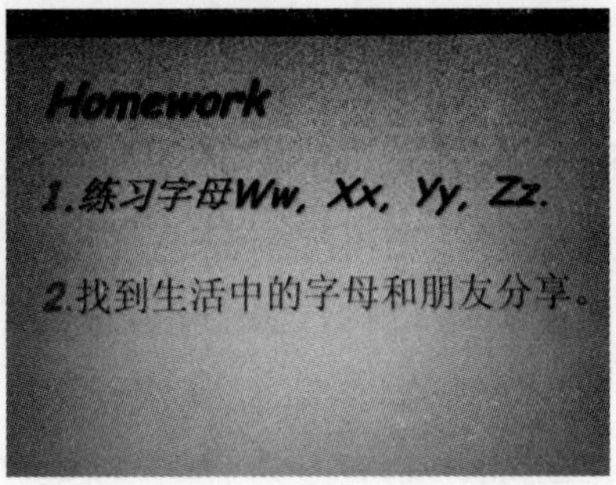

本页呈现之前，利用实物提取机展示老师课前准备写好的字母，然后学生集体进行赏评，然后再布置学生的课后作业。

专家点评

本节课是一堂字母课教学，要求学生能够掌握字母的规范书写及他们在单词中的基本发音规则。从教师的教学设计中能看到现代信息技术在练习巩固阶段的充分运用，教师通过设计形式多样的活动在一定程度上激发了学生的学习热情。三年级学生的认知水平总体上还处于一个相对较低的程度，所以，在现代智慧教育中就需要教师对学生进行适当的引导，特别是在打基础阶段，如字母的规范书写中要特别强调手写体与印刷体之间的区别。同时，练习的设计要注意一定的梯度性，建议：将let us play与写字母环节顺序调换，由易到难，这样才符合学生的认知规律。

案例19：《Why do you like pandas?》（Self-check）教学设计

（陕西杨凌高新初级中学　郑敏）

一、学习内容（learning contents）

人民教育出版社七年级英语下册*Unit5 Why do you like pandas*?

二、学习目标（Learning Aims）

1．知识目标：掌握关于动物的单词和描述动物的形容词，如：monkeys, smart, lions, scary, pandas, cute。

2．能力目标：学会所学的单词、短语、句型描述自己所喜欢的动物，如I like pandas because…/I don't like tigers because…

3．情感目标：培养学生爱护动物、保护动物的良好品质。

三、学习重、难点（Learning important and difficult points）

1．学会所学的单词、短语、句型描述自己所喜欢的动物，如I like pandas because… / I don't like tigers because…

四、TBL教学流程（Teaching Procedure）

Step Ⅰ：lead-in

课前free talk（自由谈论）导入，引出本节课的话题；然后白板展示学习目标，让学生做到心中有数，达到最佳的教学效果。

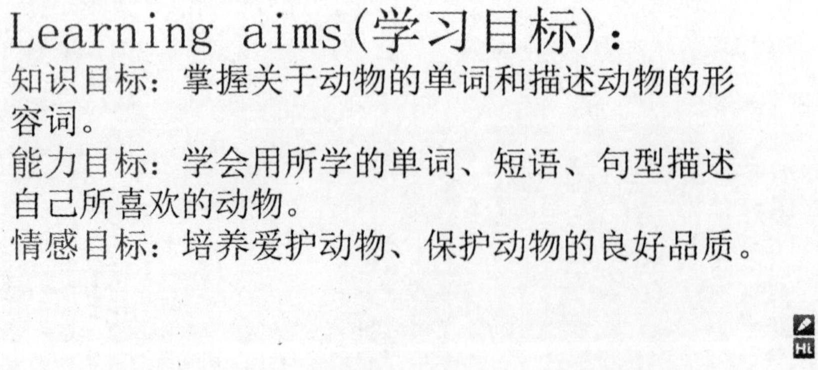

Step Ⅱ：Words PK

Show a picture of the zoo , ask students to write the name of the animals they saw on the picture , then send short message to teacher their iPad.

1．平板发送short message，然后教师挑取各小组发送的消息拍照；

2．利用IRS反馈器，学生抢权朗读这些动物名称，并且点评各个小组的成果；

3．教师根据作答情况，利用计分板即时给出学生评价。

Step Ⅲ：Guessing Game

Now let's have a guessing game!

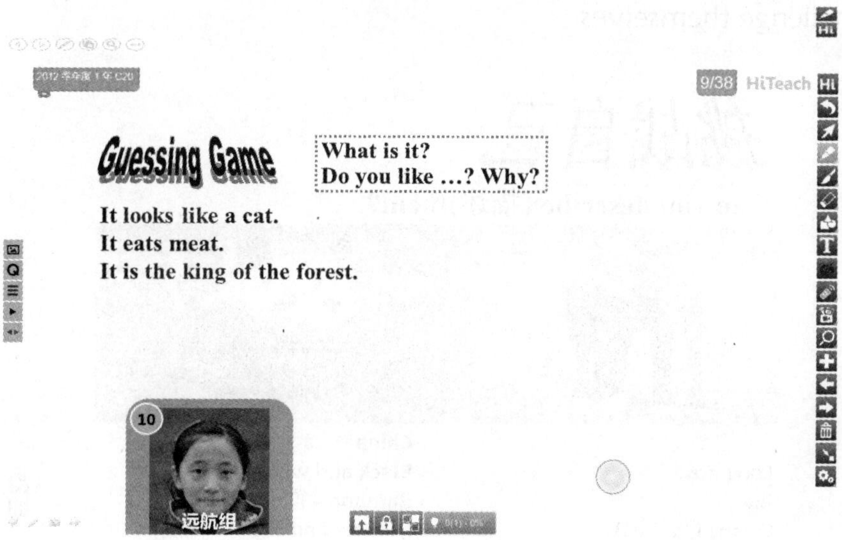

It looks like a cat.

1．It eats meat.

It is the king of the forest.

What animal is it? Do you like …? Why?

游戏环节，教师利用挑人功能随机挑学生猜测动物名称，便于提高学生的课堂注意力。同时如果学生答对，将在计分板上加分。

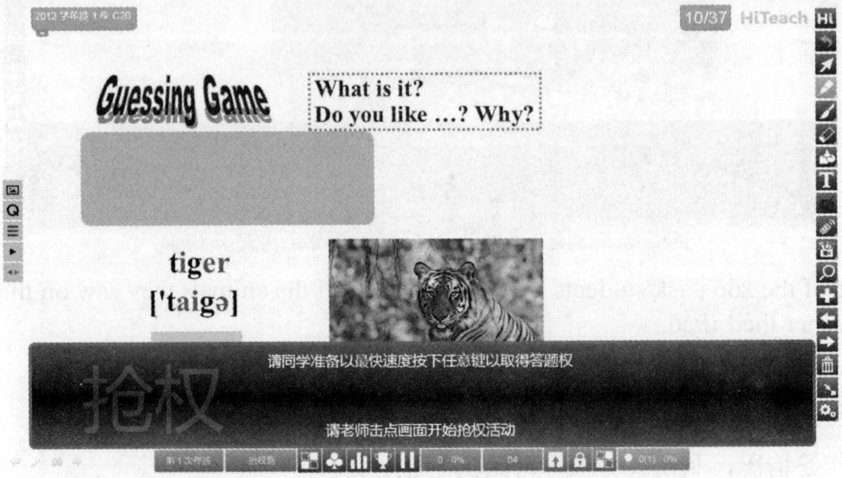

在学生猜对动物名称之后，教师先利用遮字功能将PPT上对此动物的描述遮住，然后学生利用IRS进行抢答，复述对于此动物的描述性句子，同时教师给作答正确的学生加分，记录在计分板上。

此环节的设置有利于激发学生的学习激情，同时可以促使学生以最快速度学会描述此动物。

2．It is good at climbing trees.

It likes eating bananas.

What animal is it? Do you like …? Why?

此游戏同样采取上面相同的方式完成教学。

Step Ⅳ：Challenge themselves

Show two pictures of elephant and panda and students work in groups to describe one of the animals. Using the words and phrases bellow.

Long nose	China
Big	Black and white
Strong	Friendly and shy

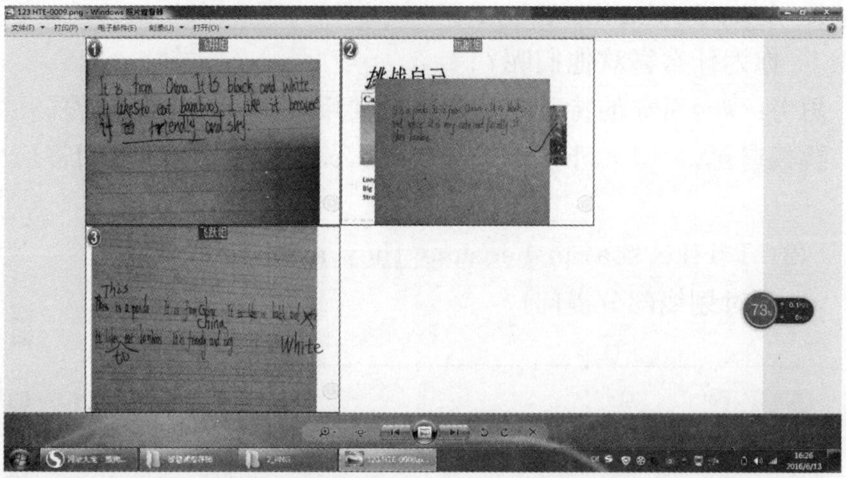

小组讨论，利用所给目标句型讨论大象和熊猫，将描写的句子书写在作业本上（不建议直接在平板上书写，因为书写量比较大，平板很难确保学生字迹）；然后学生任选其一，拍照上传，教师选取部分作品进行观摩，然后挑选学生上台改错、点评；最后教师利用计分板根据作答情况的差别给出不同程度的评价，激发学生的学习热情、参与度以及团队合作精神，同时平板推送可以最大限度地赏析每个小组的作品，直观、方便，避免了以往的课堂上学生之间很难欣赏彼此作品的情况。

Step V：Pair work

A: I like……

B: Why do you like them?

A: Because……

After the pair work, students try to finish the language points on PPT.

利用挑人功能挑选两名学生表演对话；然后挑人点评，不仅可以激发学生的学习激情，提高学生的课堂注意力，还可以培养学生与他人的配合度和默契度。

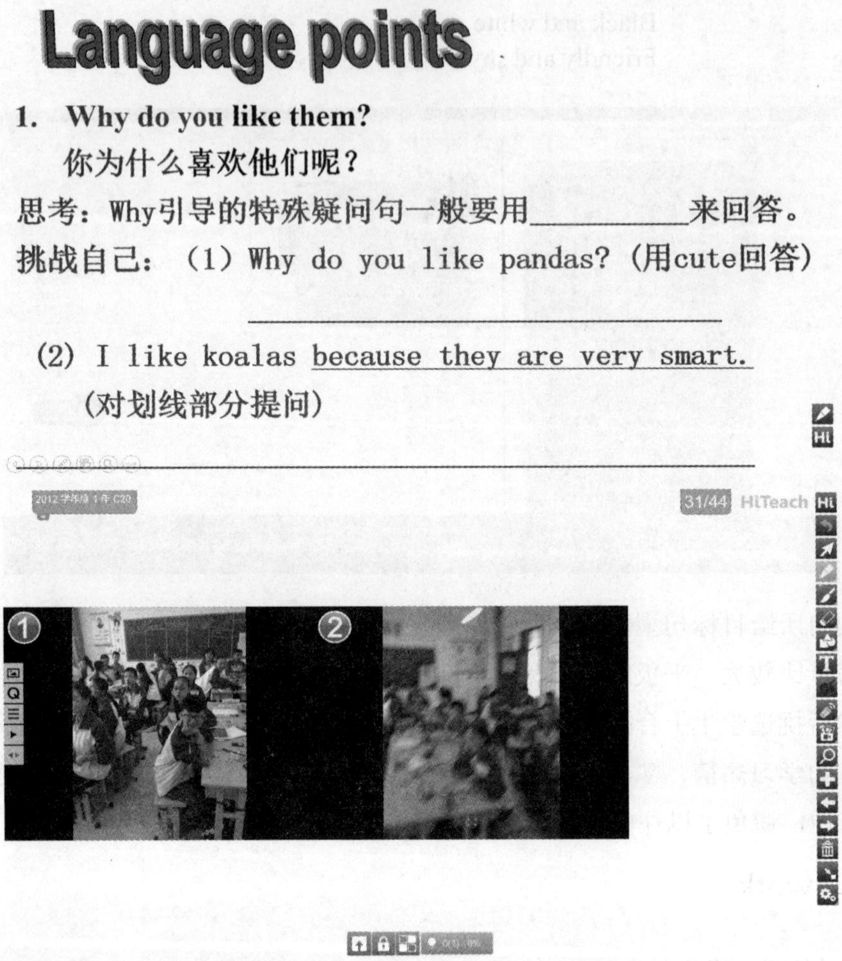

1．学生以小组为单位，讨论PPT上的语言点，

2．在学生思考PPT上的语言点时，教师利用HiTA的拍照功能，拍摄学生的课堂表现，便于警醒和督促课堂表现不好的学生，从而督促他们认真听课。

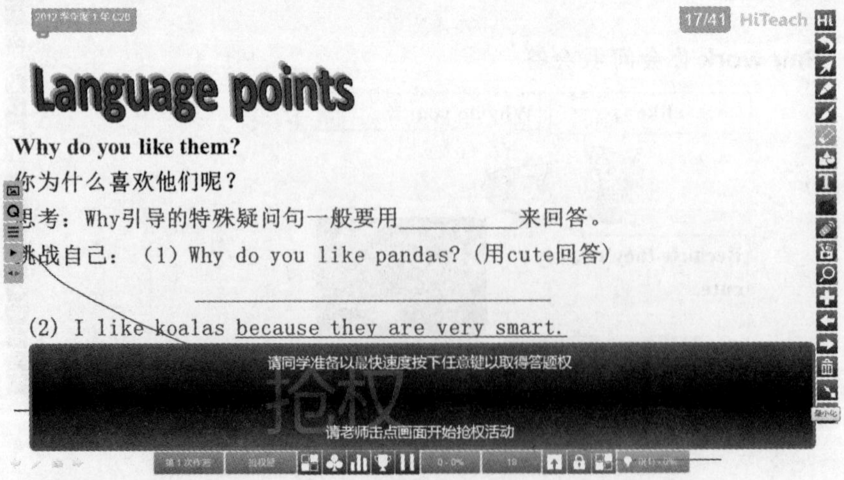

1．学生利用IRS抢权回答刚刚思考的问题。

2．教师对这两个环节表现突出的学生给予加分和鼓励。

Step Ⅵ：Self-check

（1）Choice question（选择题）.

①—— ______ she go with you?

——Because she is free （空闲的）.

A．why do　　B．Why does　　C．why does

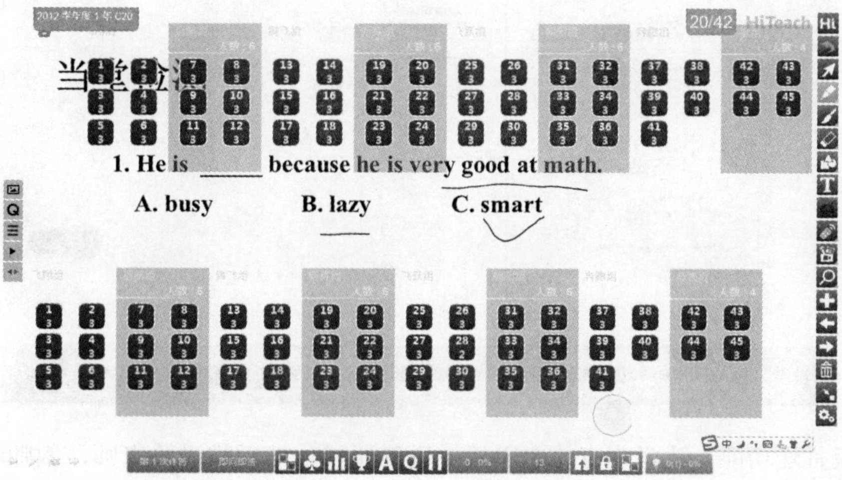

②—— ______ she go with you?

——Because she has much homework to do.

A．why don't　　B．Why doesn't　　C．Why does

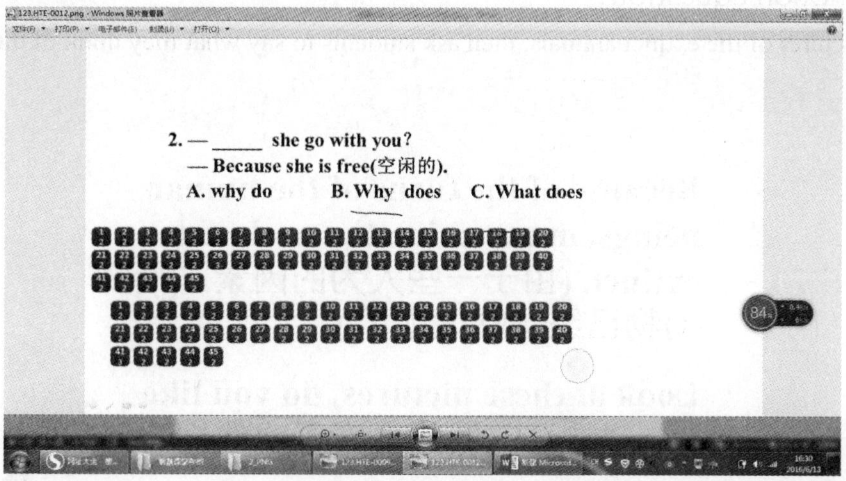

这两道选择题采取的答题方式是即问即答，学生利用IRS反馈器作出自己的选择，然后教师利用柱形图统计学生的作答情况，根据作答情况，教师翻牌记录学生的作答情况，然后拍照保留；同时让小组

再次进行讨论，各自发表意见，然后教师清除作答记录，让学生再次进行作答，利用柱形图查看学生的正误率，然后再次翻牌记录学生的答案，对比两次学生的作答情况，让答案有变化的学生阐述自己为什么变更答案，讲述自己思路的变化过程，帮助学生达到更深程度的理解。

（2）Error correction（改错题）.

①Why don’t you like lion?

②Because lions is kind of scary.

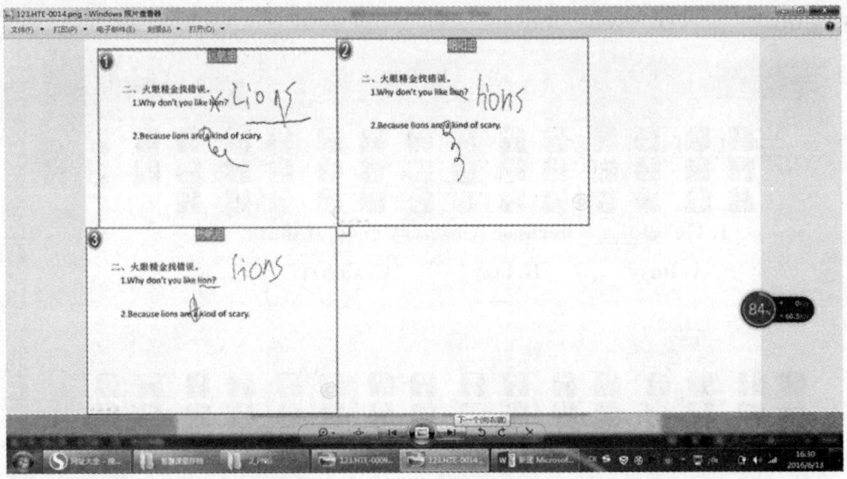

此题采用平板推送功能，让学生直接在平板上进行纠错，然后推送给老师，教师利用作品观摩，点评前四个推送上来的小组，同时给予加分奖励。这一功能的使用不仅可以避免学生看不见、看不清的情况，同时作品观摩还可以调动学生的学习积极性，让学生力争以最快速度推送上来，获得被观赏、点评的机会。

Step Ⅶ：Emotion education

Show some pictures of the extinct animals, then ask students to say what they think of these pictures.

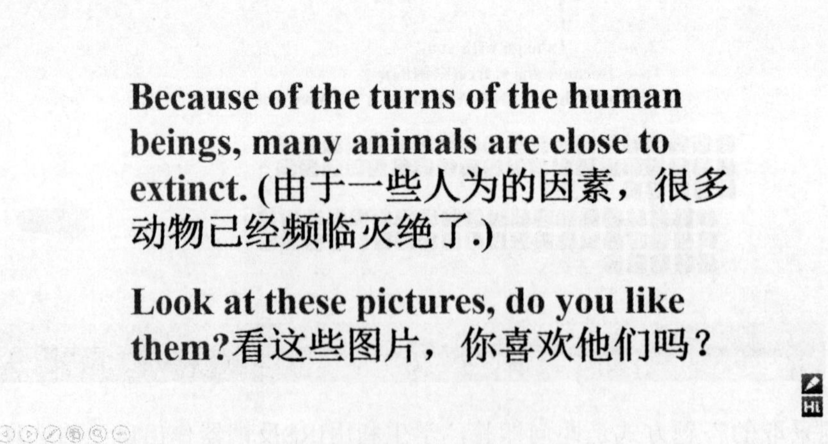

给学生展示一系列濒临灭绝的动物，让学生观赏。

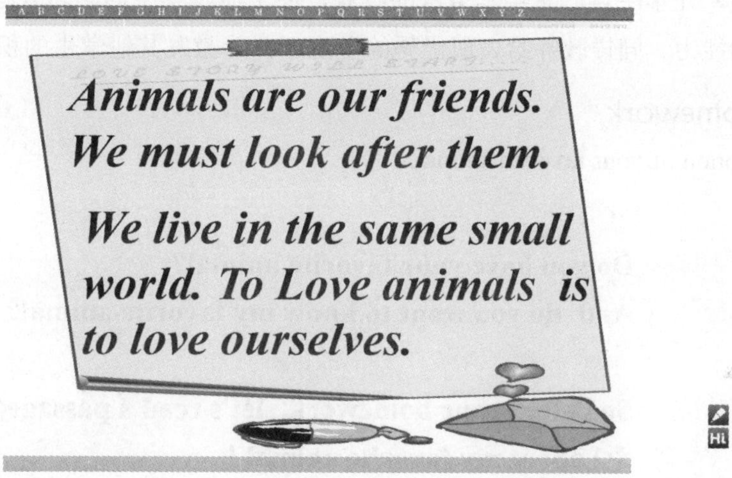

然后利用挑人功能挑取部分学生谈谈自己的感受，帮助学生树立保护动物、爱护动物的良好习惯。

Step Ⅷ：Summary

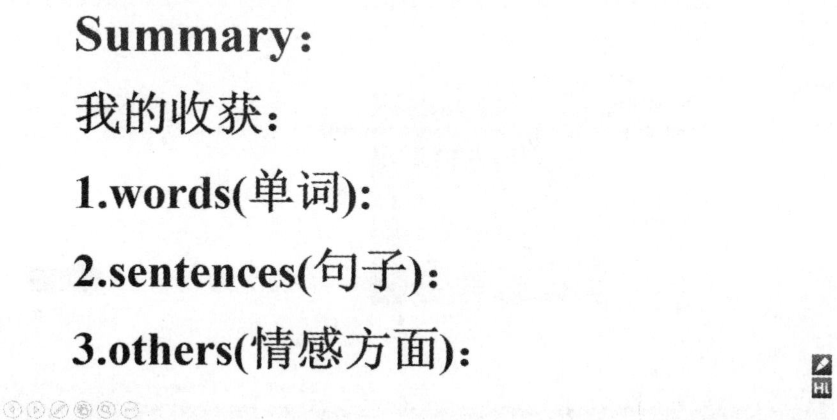

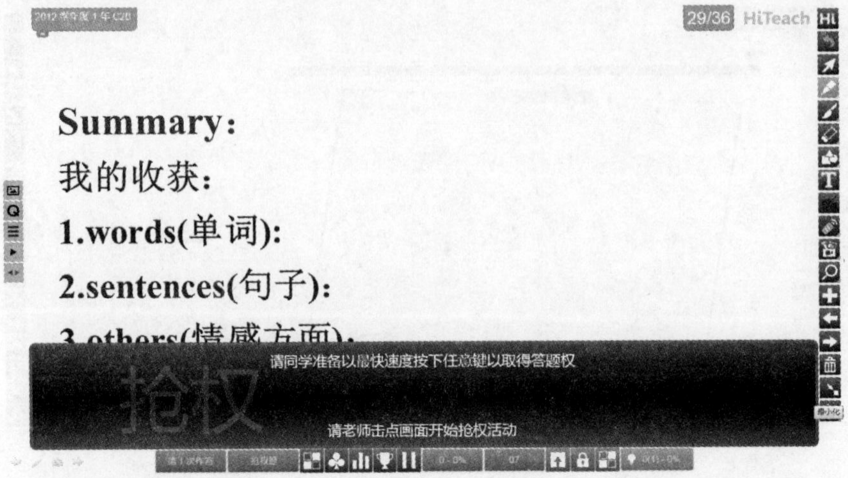

利用抢权功能，让学生自己总结本节课的收获，便于激发学生的学习兴趣和竞争意识，同时可以培养学生的总结归纳能力。同样教师给表现优秀的学生加分，激发其他学生的积极性。

Step Ⅸ：Homework

Write a description of your favorite animal.

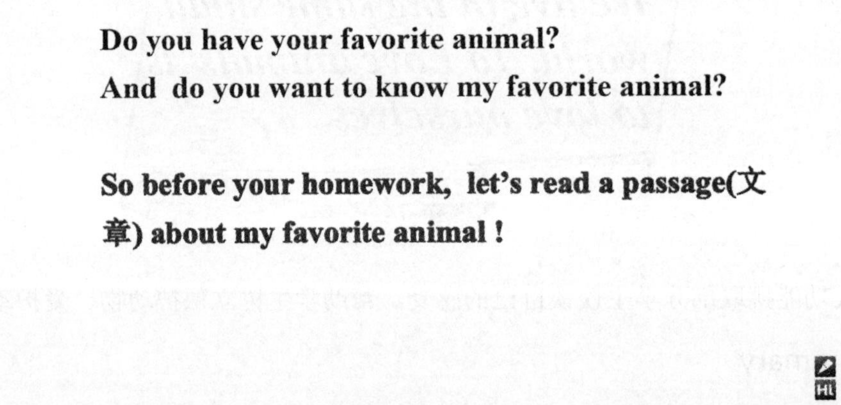

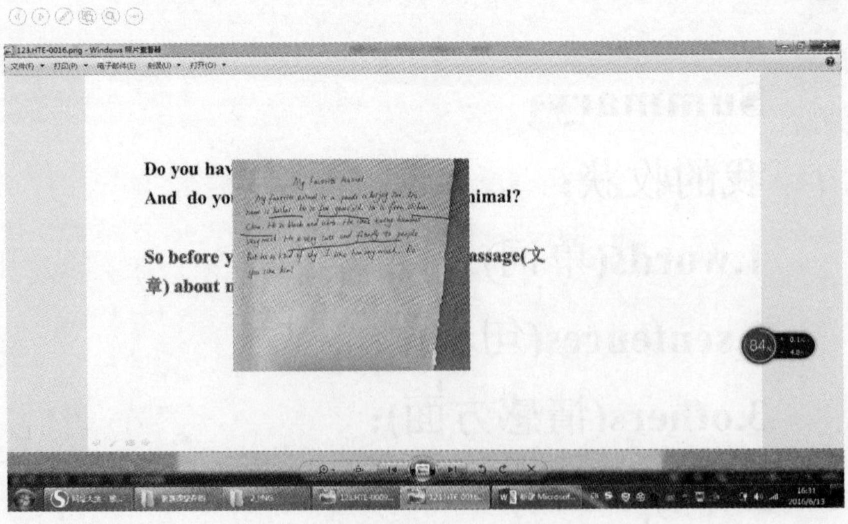

Homework：

Write a description of your favorite animal.

（写一篇你最喜欢的动物的文章）

本环节，教师先描述清楚作业要求；然后考虑到七年级学生的能力和知识容量有限，所以教师利用实物提取的方式将自己的一篇范文提取展示，学生一起朗读、分析、评价。

后要求学生仿照老师的文章以“My favorite animal”为题写一篇文章。

Step X：课堂点评

这是本节课最后一个环节，也是本节课的点睛之笔。通过计分板对小组和个人的课堂表现记录情况，教师作出评价，表扬优秀小组、树立榜样，同时激励落后小组积极进取，调动学生的学习激情和小组竞争意识。

板书设计

1. I like pandas because…
   I don’t like tigers because…
2. A: I like……
   B: Why do you like them?
   A: Because……

在智慧教室这一系统的支持下，教师可以保存上课记录，及时进行反思，同时学生也可以利用保存的课堂记录进行课后的复习、巩固，整节课的板书设计相对比较简单。

智慧课堂心路历程和效益分析

信息化是教育发展的必然趋势，课堂不应该只是优秀学生的舞台，而应该是全体学生共同的舞台，在这个舞台上每个学生都应该是主角，每个学生都可以演绎自己，而智慧教育就可以达到这样的目标。所以，我选择了智慧教育，因为我相信它能够给教学带来巨大的突破，改变以往的填鸭式教育，改变以往的教师是主角的状况。然而在这一成长的过程中我有过迷茫、有过疑问、也有过倦怠，但更多的则是对于智慧教育那份坚定的信心与决心。

当你全身心投入一件事情的时候，你就会处于一个开心的状态。当我选择了智慧教育以后，我便开始不断鞭策自己要提高自己的专注度。然而随着我在智慧教育这一道路上的成长，我对于智慧教育有了更加深刻的理解和感受——会教书或者会使用教学软件一定不是我的目标，因为我的目标是把教育和信息技术手段有效的融合，做到当用则用、为我所用，达到理念与技能的高度融合，让信息技术真正地服务于我的教学，让信息技术真正的改变我们传统的教学。

专家点评

教育信息化是现代教育改革和发展的趋势，该教师能在教学过程中充分发挥现代信息技术的优势，将教学活动与信息技术手段结合，激发了学生的学习兴趣。在教学中，重点突出，新知识的呈现直观、形象，活动设计形式多样，能考虑到学生的认知水平。另外，在教学中选用合理、多样的评价方式，如教师评价、生生评价，激发了学生的学习热情。

案例20：《Don't eat in class》教学设计

（陕西杨凌第三中学　李倩）

一、基本信息

学校	杨凌区第三初级中学		
课名	Unit 4 Don’t eat in class. Section A 1a, 1b, 1c	教师姓名	李倩
学科（版本）	英语（人民教育出版社）	章节	第四单元第一节
学时	1课时	年级	七年级（下册）

二、教学目标、教学重难点

1、知识目标

（1）能掌握以下单词：rules, arrive, late, hall, dinning hall, listen, listen to, fight, sorry。

（2）能掌握以下句型：①Don't eat in class. ②You must be on time. ③Eat in the dining hall.

2、能力目标

（1）学会用英语表达一些标志的含义。

（2）熟练使用目标语言谈论对某些规章制度（校规、家规等）的看法。

3、情感态度与价值观

能用英语表达和制订一些简单的规则，理解没有规矩不成方圆；无论是在学校时还是在家庭中以及以后走上社会都应当遵守规则，按规则办事。

三、学习者分析

本节课的教学对象是七年级学生，虽已有一定的英语语言基础，但由于大部分在课堂上还是不太自信，积极主动性较差，表现欲望也不强。因此为了激发和培养学生学习英语的兴趣，使其树立自信心，在教学中，要充分利用多媒体、课件、图片等教学资源来进行语言操练和实践，让学生更直观地感受英语、学习英语、运用英语，使其感受到英语的魅力无处不在。

四、教学重难点分析及解决措施

1、教学重点

（1）肯定祈使句是省略掉主语的原形动词开头。

（2）否定祈使句则是在肯定祈使句前加上“don’t”。

（3）情态动词must及have to在用法上的区别。

2、教学难点

掌握祈使句的用法，并能听懂、会说一些简单的祈使句。

五、教学设计

教学环节	教学时间	教学内容	学生活动	媒体作用及分析
1. Warming-up and revision	4 min	1．教师进教室后，使用祈使句请学生们完成一系列动作： Please stand up/ sit down. Close the door, please. Look at me and listen to me. Don't open your books. Don't talk. Let's begin our class. 2．看图片，并描述图片中的行为。	1．听教师的指令完成各种动作，教师也可将指令写到黑板上，让学生从视觉上考查祈使句的特点。 2．学生看图说话，独立练习，亲身感知祈使句的特点。	1．随机挑人作答。 2．小组计分板奖励机制，调动学生兴趣。
2. lead-in	2 min	看图回答下列问题 Are they good students? 2．What rules are these students breaking?	小组合作、学习探究 交流汇报、集体辨析、多次作答。	抢权回答 问题。
3. 1a	8 min	1．读图，了解对话情景——地点和谈论的话题。 First, look at the picture. Please watch and read. Then, answer: Where are the students? What are they talking about? You may answer either in English or in Chinese. （They're at school. They're talking about the school rules.） 2．运用课件中的图，激活学生学过的有关校规的短语。 Now, look at the picture and tell what they are doing. （点击图中每个学生）What is he/she doing? 肯定或“纠正”，即让学生初步接触某些未学的校规的英语表达。 3．Write the number of the rule next to the student.	独立思考、组内合作讨论辨析作答。	1．小组计分板奖励机制，调动学生兴趣。 2．挑人表述图片中人物的活动。 3．抢答，给图中的活动标数字。

续表

教学环节	教学时间	教学内容	学生活动	媒体作用及分析
4. 1b	10 min	1．通过听力导入用祈使句的否定形式向他人提出要求、发出命令的功能项及其答语（目标语）。 ——Don't run in the hallways. ——Sorry. Let's do listening practice. Don't look at your books. Listen carefully. Then tell me how many school rules you hear. 教师问：How many school rules do you hear? 2．听辨对话，感受目标语。 Now open your books and look at 1b. Listen again. What rules are these students breaking? Write the numbers after the names. 3．视听会话的动画，并模仿跟读会话，回顾对话中提到的学校校规。 Look, listen and repeat.	第一遍学生只听。 第二遍仔细听对话，完成2b。 模仿跟读，强化听力训练。	听录音，挑人回答问题。
5. 1c	10 min	1．学生模仿录音，两人一组扮演练习1a中的对话。 Now work in pairs, practice the conversations in 1a. 2．针对目标语进行控制性 - 的实践活动。 （教师与学生进行会话示范。） ——What are the rules? ——Well, we can't arrive late for class. We must be on time. OK. Work in pairs. Student A is a new student. Student B tells students A about the rules above. 3．本活动的检查评价。 Ask several pairs to show their conversations.	1．组内合作学习。 2．师生互动学习。 3．小组展示。	挑三组人，展示对话。
6. Summary	2 min	这节课你有哪些收获？	学生各抒己见。	抢权谈收获。

续表

教学环节	教学时间	教学内容	学生活动	媒体作用及分析
7. Practice	8 min	看图说话、复习巩固祈使句在实际生活中的应用	学生独立完成并展示。	抢权，对回答错的，采用二次抢权。 推送练习给小组。 飞迅限席位展示小组成果。
8. Homework	1 min	小作文	学生课后完成。	实物展台赏析优秀作品。

四 效益分析

本节课基于学生合作学习＋自主学习理念，发挥学生的主观能动性，引导学生发现知识，理解知识，应用知识，从而掌握知识。

HiTeach平台的效益分析：

1．平板批注分析目标，学生自主展示，分享收获，其他学生点评、质疑，关键点处教师点拨，理论指导。

2． 飞迅功能上传小组讨论结果，形成小组竞争力。

3．即问即答、抢权、挑人，先检测学生的整体掌握水平，再让掌握的人自主抢权，最后随机挑人，不遗落任何学生，关注每一位学生。

4．计分板和个人奖杯，评价小组、评价个人，及时帮助学生分析自己的成果，也让教师第一时间掌握学情，为下一节课教学奠定基础。

智慧教育——让教育更高效、更自主、更完美

学校发展智慧教育工作一年多来，开展了培训学习、磨课赛课、交流研讨、外出交流等活动，转变了教师的教学手段、教学观念、综合素质，以及学生的学习方式、视野和生活。实现这一教育变革，全校师生都付出了不懈的努力。下面我谈一谈自己的认识。

一、科技改变教育

智慧教育是一种别开生面的现代教育理念。课堂中，IRS的及时反馈、抢权挑人等功能，提高了学生学习的积极性，让课堂关注了更多的学生，体现了生本的教育理念，让学生得以自主发展。同时，软

件的统计功能节省了教师评阅时间，让课堂效率大大提高，也为教师了解学情提供了可靠依据。而云平台的诊断服务，不仅详细记录和评量学习成绩、学习活动，而且还可以帮助学生诊断健康、安全、决策等方方面面，让教育更加细致的关注学生的综合素质。

二、教育改革势在必行

短短一年时间，学校、教师和学生有了翻天覆地的变化。那么传统教育还能跟得上时代发展的需求吗？当人家的孩子都在非常投入的主动地参与学习的时候，我们的孩子还处在“Listen to me”的压迫式学习中，长大以后的他们该如何适应社会，去生存呢？所以我们需要改革、需要教育的革新。

三、教师需要终身发展

科技的发展，让人眼花缭乱，那么科技引领教育发展的话，教育必会出现一场全新的变革。因此，对于每一位在岗教师必须不断学习，不断更新自己的教育理念，要做到与时俱进。也要多学习其他老师的发展，反思自己的差距。因为这是一个“落后一点，就遥不可及”的时代。

总之，从事教育事业，是一件人道而重远的事情，需要从一点一滴做起，脚踏实地地去实践去反思去总结。

智慧模式说明

参加组别	□班级智慧教室 □电子书包智慧教室 ☑TBL团队合作学习模式	□小学组 ☑中学组 （中学组含中学以上学校）	任教年级	七年级
教学单元	Unit 4 Don’t eat in class.（Section A 1a, 1b, 1c）		任教学科	英语
智慧模式简介	本节课结合电子白板、HiTeach软件及IRS按键、手机HiTA App展开教学，主要为五个教学环节：Warming-up and revision、lead-in、1a、1b、1c、Summary、Practice、Homework。这样的教学实现学生主动、师生互动、课堂生动的氛围，提高数学课堂的教学效率。			
模式架构（流程图）	1．Warming-up and revision 2．lead-in 3．1a 4．1b 5．1c 6．Summary 7．Practice 8．Homework			

	模式流程		步骤说明（40字内）	照片
模式说明	步骤一	Warming-up and revision	1．随机挑人作答。 2．小组计分板奖励机制，调动学生兴趣。	
	步骤二	lead-in	抢权回答问题。	
	步骤三	1a	3．小组计分板奖励机制，调动学生兴趣。 4．挑人表述图片中人物的活动。 5．抢答，给图中的活动标数字。	 
	步骤四	1b	听录音，挑人回答问题。	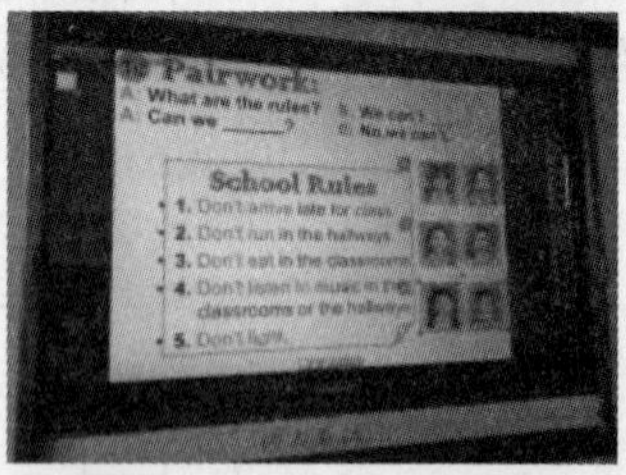
	步骤五	1c	挑三组人，展示对话。	

续表

<table>
<tr><th></th><th colspan="2">模式流程</th><th>步骤说明（40字内）</th><th>照片</th></tr>
<tr><td rowspan="3">模式说明</td><td>步骤六</td><td>Summary</td><td>抢权谈收获。</td><td>
</td></tr>
<tr><td>步骤七</td><td>Practice</td><td>6．抢权，对回答错的，采用二次抢权。
7．推送练习给小组。
8．飞迅限席位展示小组成果。</td><td>

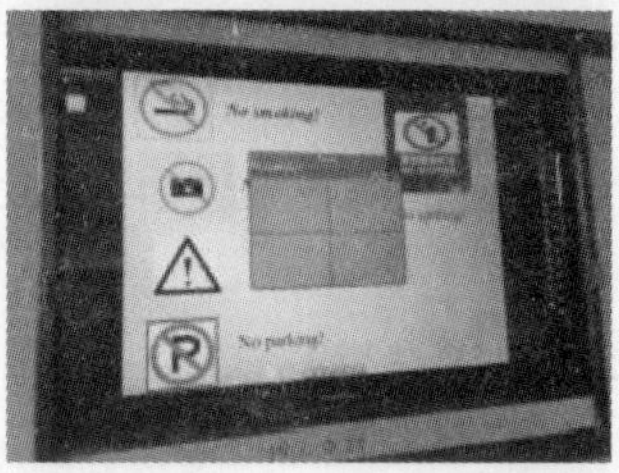</td></tr>
<tr><td>步骤八</td><td>Homework</td><td>实物展台赏析优秀作品。</td><td>
</td></tr>
<tr><td>效益分析</td><td colspan="4">1．利用“挑人”随机性的了解学生的旧知识掌握情况。
2．学生探究新知识，主动学习；教师利用HiTA软件，手机拍照推送，有效提高教学效率，节约课堂时间。
3．IRS实时作答、抢答功能，增强学生学习的主动性、积极性、参与性，化被动为主动，培养学生的自学能力，提高学生的学习能力。
4．促使学生勇于展现自我，分享学习成果，提升学生表达能力，营造课堂的互动性、生动性。
5．利用“显示作答”“显示图表”“显示总分排名”，能了解全班学生作答情况，调控教学进度，适时掌握学生学习情况；并根据诊断分析功能进行针对性补救活动。
6．软件的鼓励机制很大程度调动学习的学习兴趣及竞争意识。</td></tr>
</table>

专家点评

该教师在教学设计中充分考虑了学生的主观能动性，注重培养学生积极思考、用于表达的好习惯，在活动设计方面层次清楚，可操作性强。充分发挥了智慧教室的作用，突出了学生为主体的教育理念，学生乐于参与到课堂中去，课堂效率得到了提高，智慧教室还能让教师关注到课堂上的每个学生，而有效的数据统计为教师了解学情提供了依据。

案例21：《如何做到对自己的行为负责》教学设计

（陕西杨凌区第三初级中学　焦慧冕）

一、基本信息

<table>
<tr><td>学校</td><td colspan="3">杨凌区第三初级中学</td></tr>
<tr><td>课名</td><td>如何做到对自己的行为负责</td><td>教师姓名</td><td>焦慧冕</td></tr>
<tr><td>学科（版本）</td><td>政治（鲁教版）</td><td>章节</td><td>第十八课第二节</td></tr>
<tr><td>学时</td><td>1课时</td><td>年级</td><td>七年级（下册）</td></tr>
</table>

二、教学目标、教学重难点

教学目标

1．增强责任意识，对自己的行为负责，做一个负责的人。

2．培养判断和控制力，能够预见自己的行为可能带来的后果；学会尊重他人权利的同时，自觉履行自己的义务。

3．懂得做一个对自己行为负责的人，对自己的行为后果作出正确的判断，并做到我做事我负责。

教学重难点

重点：懂得从几方面做到对自己的行为负责并知道怎样对行为的后果作出正确的选择。

难点：如何做到对自己的行为负责。

三、教学方法

此部分内容理论性较强，且对学生有较强的教育意义，在教学中采用灵活的教学方式，引进电教化教学手段，提供丰富的感性材料，为学生创设问题情境，使学生从提供的事例材料和活动中充分感受自我负责的意义，懂得怎样才能做到对自己的行为负责。

充分调动学生在学习中的积极性，发动学生积极搜集材料，展开讨论，在学生的互相启发中使深奥的问题得以明了，同时也提高学生分析问题的能力。

四、教学准备

1、学生准备

（1）搜集有关对自己行为负责的典型事例，了解不能对自己行为负责的不良后果。

（2）就如何做到对自己的行为负责进行调查和访问，形成自己的见解。

2、教师准备

（1）制作课堂教学中所需的课件。

（2）对学生现实生活中自我负责的状况及存在的问题进行调查和访问，形成自己的见解。

五、教学设计

教学环节	起止时间	环节目标	教学内容	学生活动	媒体作用及分析
列举事例 引入新课	00:00:50～ 00:03:50	复习导入	青少年的自我负责精神如何	独立作答	1．IRS按键作答。 2．随机挑人作答。 3．积分榜奖励机制，调动学生兴趣。
合作学习 探究新知识	00:05:00～ 00:27:00	探索实际生活中遇到的问题	青少年如何做到对自己的行为负责	小组合作、学习探究 交流汇报、集体辨析、多次作答	1．手机推送学生作品。 2．集体辨析，IRS按键作答，根据生成再次投票作答。 3．及时推送学生的练习情况。 4．根据课堂生成，及时利用IRS投票辨析。
学以致用 走进生活	00:28:00～ 00:37:00	考查学生掌握情况	运用所学知识解决生活中的实际问题。	独立思考 组内合作讨论辨析作答	IRS作答，对学生的作答情况及时调控，学生掌握较好的知识点可节约时间不作强调，对作答结果中薄弱处进一步讲解，提高教学效率。
全课总结 分享收获	00:37:00～ 00:40:00	分析学生本节课掌握情况	根据数据图表分析学生本节课掌握情况	观察数据，心得体会	根据本节课学习活动得到的数据，全班反思，课后辅差导优。

教学环节	教学内容	HiTeach软件、教具使用
列举事例导入新课	**1．事例导入** 同学们，在一个中学的校会上，校长为他的学生讲了两件事。（课件展示）两个事例 **2．问题** （1）这位校长讲这两件事的目的是什么呢？ （2）我国青少年的自我负责精神如何呢？	计分板 挑人 IRS选择 遮罩、拖拉、抢权回答
探究新知识合作学习	**小组合作，探究新知识。** 1．课件：生活场景。 场景一：一位中学生上学迟到受到老师的批评，嘴里嘟哝着："都怪妈妈没叫醒我。" 场景二：一位同学拿着考分不理想的试卷，心里在暗暗地埋怨："物理老师讲课特没劲，我一点也不感兴趣。" 场景三：放学后进行大扫除，一位男同学抱着球对正在打扫卫生的同学说："你们替我干吧，我要去练球。"他们缺少点什么？自己有何感想？ 2．阅读教材92页材料讨论：如果二人预见到行为的后果将会是一种什么结局？ 3．大家谈：自己在日常生活中是否都能对行为可能产生的后果作出判断？是怎样对自己的行为后果作出判断的？ 4．小结归纳。	挑人、抢权小组成员汇报 按小组积分
合作探究归纳总结	1．阅读课本93～95页内容思考：我做事我负责。 2．归纳总结：如何做到对自己的行为负责？	挑人、抢权小组成员汇报按小组积分抢答课件展示问题结果
学以致用走进生活	材料：初一学生张明，平时对自己要求不严格。期末考试前，他和几个"哥们"进行了"紧急磋商"，对在考试中如何"互相帮助"制订了几项具体的计划，并约好了不同的暗号。结果，他们的"秘密行动"被监考老师发现。班主任老师分别找张明等几为同学谈话，可另几位同学把责任都推到张明身上。 分析思考：张明和几位同学的做法对吗？张明应该怎么做？ 教师点拨	IRS作答 挑人/抢答 IRS作答 小组讨论辨析 再次投票作答 IRS作答 IRS作答 小组讨论辨析 再次投票作答
总结收获	通过今天的学习你有什么收获？ 知识点：如何做到对自己的行为负责？ 要对自己的行为后果作出正确的判断。 我做事我负责。	抢权回答 挑人回答

智慧模式说明

<table>
<tr><td>参加组别</td><td colspan="2">☐班级智慧教室
☐电子书包智慧教室
☑TBL团队合作学习模式</td><td>☐小学组
☑中学组
（中学组含中学以上学校）</td><td>任教年级</td><td>七年级</td></tr>
<tr><td>教学单元</td><td colspan="3">《如何让做到对自己的行为负责》</td><td>任教学科</td><td>思想品德</td></tr>
<tr><td>智慧模式简介</td><td colspan="5">本节课结合电子白板、HiTeach软件及IRS按键、手机HiTA App展开教学，主要为五个教学环节：列举事例，引入新课；合作学习，探究新知识；合作探究，归纳总结；学以致用，走进生活；总结收获。这样的教学实现学生主动、师生互动、课堂生动的氛围，提高数学课堂的教学效率。</td></tr>
<tr><td>模式架构（流程图）</td><td colspan="5">1．列举事例，引入新课；
2．合作学习，探究新知识；
3．合作探究，归纳总结；
4．学以致用，走进生活；
5．总结收获。</td></tr>
<tr><td rowspan="4">模式说明</td><td colspan="2">模式流程</td><td>步骤说明（40字内）</td><td colspan="2">照片</td></tr>
<tr><td>步骤一</td><td>列举事例
引入新课</td><td>1．用计分板按小组积分，再用IRS选择挑人回答问题
2．用遮罩、拖拉遮盖答案和重要信息，抢权回答</td><td colspan="2">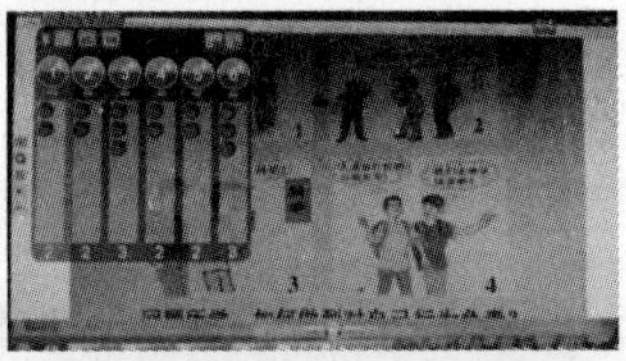
</td></tr>
<tr><td>步骤二</td><td>合作学习
探究新知识</td><td>挑小组、抢权小组成员汇报，按小组积分</td><td colspan="2"></td></tr>
<tr><td>步骤三</td><td>合作探究
归纳总结</td><td>挑人、抢权小组成员汇报、按小组积分
课件展示问题结果</td><td colspan="2"></td></tr>
</table>

续表

	模式流程		步骤说明（40字内）	照片
模式说明	步骤四	学以致用 走进生活	IRS作答 挑人/抢答 IRS作答 小组讨论辨析 再次投票作答	
	步骤五	总结收获	抢权回答 挑人回答	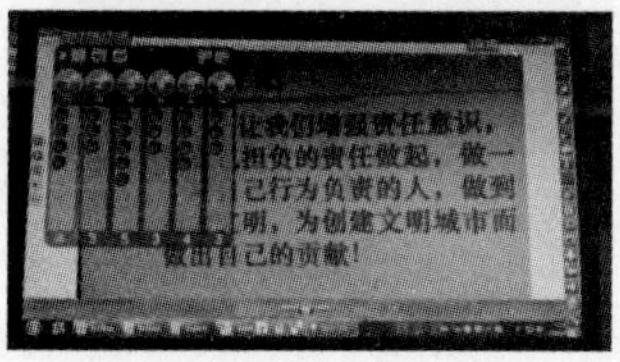
效益分析	1．平板批注分析目标，学生自主展示，分享收获，其他学生点评、质疑，关键点处教师点拨，理论指导。 2．飞迅功能上传小组讨论结果，形成小组竞争力。 3．即问即答、抢权、挑人，先检测学生的整体掌握水平，再让掌握的人自主抢权，最后随机挑人，不遗落任何学生，关注每一位学生。 计分板和个人奖杯，评价小组、评价个人，及时帮助学生分析自己的成果，也让教师第一时间掌握学情，为自己的教学奠定基础。			

智慧课堂让教育更高效

随着一年来的课课程改革，我校来越多的教师意识到课堂上不只是关注学生的知识、技能、分数，而要更关注学生的未知世界、生命感知，给予其人生以智慧的启迪……教师应该是充满智慧的人，课堂应该是智慧的课堂，课堂要以教师的智慧激发学生的智慧潜能。智慧是“只可意会不可言传”的东西，“智慧”其实贯穿着教育的过程，是教育的理想，是一种境界。

在学校里，我们对学生进行智慧教育，实施智慧教育的主阵地是智慧课堂。课堂上的主导是智慧教师，主体是智慧学生。

作为教师我们应该做到：

1．善于组织课堂、管理课堂，教学方法多样；学生才能积极参与课堂，学以致用、乐于学习。

2．还要尊重每一个学生，让学生成长为一个真正有智慧的人。

尊重学生表现在：

一是紧扣考纲，紧扣教材，突出重点，突破难点，让智慧学生扎实地掌握考点知识，富有实效；

二是生动活泼，激情飞扬，课堂有乐趣、有笑声，让学生愿意去学习，师生互动；

三是终身发展，智慧课堂要提高学生能力，渗透德育教育，学会做人的道理，使学生心理健康，健全学生人格，有利于学生的全面发展。

专家点评

本节课利用HiTeach平台IRS等各种信息技术展开教学，使学生在课堂上自主展示学习水平，教师能及时掌握学情，课堂使学生更加关注未知世界，调动了学生学习的积极性，充分实现了学生主动、师生互动、课堂生动的情景，课堂氛围生动活泼，激情飞扬，有乐趣，学生愿意去学习，课堂效率也得到了提高。同时，教学中始终渗透德育教育，教学生学会做人的道理，使学生心理健康，有利于学生的全面发展。

案例22：《温度》教学设计

（北京市中央商务区实验学校　李从芮）

教学设计

指导思想

以《物理课程标准》为指导，发挥实验在物理教学中的重要作用。教师关注全体学生，注重落实，学生提高综合能力。面向全体学生，提高学生科学素养；题目与生活实际相关，有助于学生从生活走向物理，从物理走向社会。

教学内容

本节内容是人教版物理八年级上册，第三章物态变化的第一节温度。本节内容是本章后续内容学习的基础，在本章起着抛砖引玉的作用。因此本节课的教学过程中重点突出温度概念的建立和温度计的使用，并且在课堂引入部分加入了一系列有趣的实验，提高学生对于本章知识内容的学习兴趣。本节课教学手段多样，教学形式丰富，目的在于加深学生的印象和理解，提高学生兴趣，开拓学生思维。

学情分析

教师重点引导学生建立温度的概念，并与实际生活联系紧密，提高学生学习的兴趣。学生对于温度计并不陌生，但之前没有系统的学习过温度计的相关知识和规范使用，但之前有正确使用刻度尺测量长度的基础，对比迁移学生对于正确使用温度计应该接受比较快，温度计的使用过程中也有区别使用刻度尺的地方，所以仍需细心记忆。进而使学生学会正确使用温度计测量温度，学生自学、组内分享讨论，总结出体温计的使用方法，并进行展示交流，教师辅助指导，从而通过学生自学和小组合作提高学生的自学能力。

教学手段

铁架台、酒精灯、试管、玻璃板、易拉罐、盐、冰、火柴、烧杯、石棉网、温度计、温水。

知识与技能

1．学生能够说出温度的概念。

2．学生能够说出温度计的工作原理。

3．学生能够说出0℃和100℃的规定。

4．学生会正确使用温度计测量温度。

5．学生会正确读出温度计的示数。

6．学生会正确使用体温计测量人体温度。

过程与方法

1．通过学生实验让学生整体掌握本章内容的梗概，理解温度的概念。

2．通过自学知道0℃和100℃的规定，增强学生自学能力。

3．通过学生使用温度计测量温度，使他们理解体会等效替代的方法，并掌握如何正确测量液体温度。

4．通过体温计部分的自学与交流，培养学生小组合作意识，提高自学能力与交流表达能力。

情感态度与价值观

1．引导学生自主学习培养自学能力，使学生自己摄取知识。

2．教师创设情景，用实验的方法展示生活和自然界中与物态变化相联系的一些现象，引导学生建立从生活走向物理，从物理走向社会的理念。

3．通过实验激发学生对物理学习的兴趣，培养学生善于发现问题和解决问题的探究欲望，并使学生有对生存环境和社会的关注意识。

教学重点

1．液体温度计的工作原理。

2．温度计的正确使用（实验室用温度计和体温计）。

3．摄氏温度的规定。

教学难点

1．温度计的读数。

2．液体温度计的工作原理及正确使用。

教法

讨论法、实验法、讲授法。

学法

以“教师为主导，学生为主体”，教师的“导”立足于学生的“学”，以学法为重心，放手让学生自主探索，积极主动地参与到知识形成的整个思维过程中，通过分组进行探究，归纳、总结。使学生在积极、愉快的课堂氛围中提高自己的认识，锻炼自己的探究能力和创新思维能力，从而达到较好的教学效果。

	教师活动	学生活动	设计意图
智慧课堂教学案例	**一、温度** 物态变化实验 1. 温度：表示物体冷热程度的物理量 温度的单位：摄氏度（℃） 实际生活中在哪里听到、遇到、用到过温度这个物理量？ 播放视频 3. 摄氏温度的规定（注意条件） 4. 测量温度的工具：液体温度计 温度计举例 我们继续学习实验室用温度计的正确使用 **二、温度计的使用** 1. 观察温度计 学习之前我们回顾一下之前学过一种测量仪器，刻度尺。 使用刻度尺之前应该先观察什么？ 同样，使用温度计之前也要观察什么？ 零点、分度值、量程 展示： 刻度尺的量程 温度计的量程 刻度尺的零刻度线 温度计的零点 刻度尺的分度值 温度计的分度值 进行测量，在测量之前，要选取合适的温度计。 练习 思考一下：我们在选取合适的温度计时先观察了量程、分度值和零点，然后还考虑了什么因素？ 我们测量之前我们还要对被测物体温度进行估计	体会物质的三态，及物态变化的条件 联系实际 反馈检测 回顾之前刻度尺的相关知识 观察温度计的量程 观察温度计的零点 观察温度计的分度值 思考连线 回忆刚才的思路 思考回答问题 得出结论	直观体验温度的变化是物态变化的条件，并感性上认识温度。 从生活走向物理，从物理走向社会。 通过IRS系统可以对全体学生的知识掌握情况进行了解，根据反馈进行讲解。并进行小组加分。 温故知新。 从刻度尺对比迁移到温度计更加容易理解记忆。 学生实际操作加深理解。 答对的同学可以获得小组加分。 利用选人功能进行抽测，让学生进行连线。 让学生切实体会到，测量之前要对被测物体温度进行估计。 启发学生。 让学生通过实际加深对估计被测物体温度的理解。 从实际操作中理解体会温度计的正确使用。 利用限时功能，让学生对于自己的进度有整体把握，并增强了学生的时间意识，保证了课堂的高效完成。 利用实物投影，展示学生的实验操作过程。 纠错的同学可以获得小组加分，通过找错环节加深理解。

续表

	教师活动	学生活动	设计意图
智慧课堂教学案例	2．使用温度计（测量水沸腾时的温度） 学生实验：结合课前的预习，每组同学尝试用温度计正确测量水沸腾时的温度，并将读数记录在实验表格中，限时3分钟。 （展示）实验中错误的操作的照片	完成实验并填写实验数据。	利用选将正确使用温度计的方法，编成容易记住的秘籍，加强学生的记忆，加深学生的理解。
	大家纠正 再展示记录的数据，纠错	寻找照片中的错误操作，并纠正。	利用黑色幕布功能将秘籍进行遮挡，便于检查学生的理解记忆，再次掀开幕布方便对照正确答案。深化学生理解。
	总结：小小秘籍 限时背诵	根据秘籍回顾本节课的相关知识，熟读理解。	通过脑筋急转弯，开拓学生思维，增加学生的兴趣，对知识的理解和记忆更加深刻。答对的同学可以获得小组加分。
	练习： 强调读数时要考虑是零上还是零下	思考，完成练习题。	培养学生小组合作意识，提高自学能力与交流表达能力。
	脑筋急转弯	开动脑筋，抢答。	
	三、**体温计** 【自主学习】小组合作学习体温计这部分的内容	学生自学、组内分享讨论，总结出体温计的使用方法，并进行展示交流。	
	讨论回答下列问题：（见学案） 组织各个小组总结出体温计的使用方法，并进行展示交流，教师辅助指导，继续追问原因		利用小组计分功能，对于学生本节课的表现及收获进行鼓励评价。

续表

智慧模式思维导图				
智慧模式阐述	模式流程		步骤说明	照片
	步骤一	对比迁移	迁移之前学过的类似概念，让学生感觉很熟悉，降低了新知识的接受难度，并且利用对比的方法更加便于记忆。	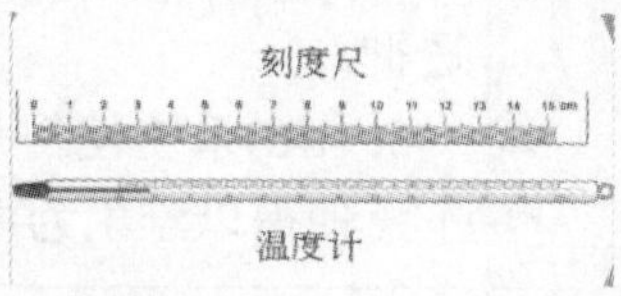
	步骤二	创设情景	通过创设情景，引发学生思考，让学生根据情景理解认同新知识，而不是被动地接受。	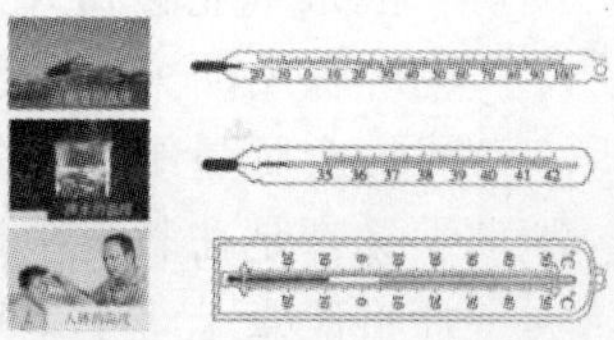
	步骤三	多元反馈	在实验过程中可以通过实物投影对学生的操作及数据进行反馈，阶段检测通过IRS系统可以对全体学生的知识掌握情况进行反馈，教师可以根据反馈及时处理。	
	步骤四	抢答游戏	抢答环节可以缓解课堂上一阶段的疲劳，并且拓展学生思维，提高学生学习的积极性。	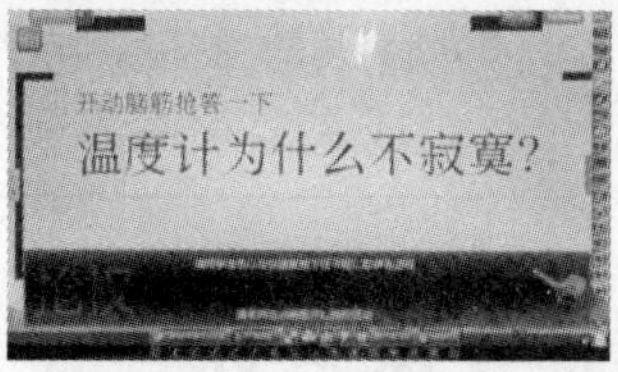
	步骤五	合作自学	以小组为单位进行合作自学，培养锻炼学生自学能力，小组中的成员相互交流学习的过程中，每位成员都会有一定程度的提高。	

续表

效益分析	1．实现了传统课堂不能实现或实现之后比较费时的教学环节，使教师在课堂上能够创设更多适合的情景。 2．使课堂更加灵活，能够建立以学生为主体，按照学生的认知发展来开展课堂学习模式。 3．师生互动及生生互动，增强学生学习的积极性，提高学生注意力集中的程度。 4．实现了一名教师对多名学生的分层教学。 5．多元反馈快速精准，不仅能展示结果，也能展示过程，使教师对学生的情况了解得更加透彻。 6．IRS系统使得反馈快速精准，精准到每道题的某个选项、精准到个人。在智慧教室的帮助下，使得以学生为主的高效课堂成为可能。
智慧课堂心路历程	很荣幸能够和大家分享智慧课堂教学的一些体会，我认为物理的课堂教学有一个弊端，那就是物理课所研究的是整个自然世界的客观规律，是通过大量的实验和事实作为支撑的，虽然课堂上我们会尽量组织学生动手去探索去实验，但是仍然有许多事课堂上难以呈现的。而我们的课堂教学又都是在教室中进行的，自然就多了很多限制。因此信息技术的及时出现，其意义在于帮助教师将课堂上难于呈现的内容可以通过其他手段让学生更加直观地体会和观察，扩大了师生的视野并开拓了思路。信息技术不仅仅应用在教学中的生活情境再现，而且能够辅助教师针对学生情况进行及时有效的反馈，在我最开始接触学习智慧课堂的时候就被IRS系统的反馈深深地吸引住了。因为反馈快速精准，精准到每道题的某个选项、精准到个人，对于教师了解学情有着极大的帮助。而且不仅可以用IRS系统进行反馈，还可以利用平板电脑的HiLearning软件，及时有效地捕捉展示出来的想法及思路，并推送至白板，学生可以依序表述分享。当然还可以拍摄学生的思路并推送白板，或者利用实物投影展示学生的学案。这种多元化的及时反馈，是高效课堂的重要保障。小组加分鼓励机制有效地激发学生学习的兴趣并促进了小组合作。有效地把学习的主动权交到的学生的手上，信息技术为课堂教学的开放性，为学习者的自主性、研究性提供了有力的支持，它促进了课堂教学结构变革。包括学生对于设备操作的本身，其实也是学生综合实践能力的一种提高。信息技术不论在生活和工作中已经是不可或缺的，正因为有了信息技术的帮助，我们的生活和工作才变得如此方便和高效。同样，正因为有了信息技术的帮助，我们的课堂教学才更加丰富、多样，教师才能引导一节以学生为主体、高效并且具有针对性的分层教学的课堂。从教学成果上看将信息技术与教学融合也是必然的、有效的，更是十分必要的。

专家点评

本节课紧密联系生活实际，让学生能在课后很轻松地解释生活中与温度有关的现象，达到学以致用的效果。教学过程使用IRS系统使得课堂反馈快速精准，教师对学生的情况了解更加快速、透彻，实现了传统课堂不能实现或实现之后比较费时的教学环节。课堂教学更加灵活，教师在课堂上能够创设更多适合情景，学生更加主动，师生能更好实现互动，学生学习的积极性和注意力都得到极大提高。在智慧教室的帮助下，讲练达到完美结合，是一节高效课堂。

案例23：《真菌》教学设计

（陕西杨凌高新初级中学　张永辉）

版本、学科、年级

人教版八年级生物（上）册。

章节内容，教材分析

第五单元第四章第三节：

本节内容选自人教版八年级上册第五单元第四章第三节《真菌》。通过本章前两节课的学习，学生已经有了真菌分布十分广泛的概念，并通过对细菌的学习了解了微生物的一些特点。但是对于真菌区别于细菌的特点，真菌有什么样的形态结构、营养方式、生殖方式等问题却模糊不清。通过本节学习学生可以在心中明确真菌这一类型生物的特点。

教材中“想一想，议一议”创设的情景是让学生观察生活中较常见的蘑菇，蘑菇外形与植物相似，通过所学植物的知识分析对比它们的特点，获得对真菌的初步认识。接下来，教材在“各种各样的真菌”里，从学生熟悉的生活现象和生活食品引入，消除学生对真菌的陌生感，进一步建立对真菌不同种类的认识。

随后，教材安排了观察实验“观察酵母菌和霉菌”，通过对单细胞和多细胞真菌的观察，分析、总结、归纳出真菌的特征。

最后通过作业“制作孢子印”绘画，让学生对真菌有更直观的认识接触，同时开阔学生视野，锻炼他们动手实践创新能力。

学情分析

1．真菌与我们生活联系密切，学生学习兴趣很高。

2．八年级的学生具备了一定的分析、观察并解决问题的能力和动手实践的能力，课外及生活知识也较丰富。所以本节教学充分从学生已有生活经验入手，联系生活实际，调动学生学习主动性和求知欲望，在师生互助、生生互动中不断的发展自己、完善自己。

3．通过HiTeach软件和PPT的使用，学生自己联系生活实际和自学、小组讨论、小组展示等的教学环节的实行，学生的兴趣、激情和对知识的理解掌握就会更好。

教学目标

1、知识与技能

（1）了解常见食用或药用真菌种类、形态。

（2）通过酵母菌、青霉的实验观察和联系实际对蘑菇等真菌的观察，掌握真菌的形态结构、营养方式及生殖方式。

2、过程与方法

（1）通过观察、联系实际、分析讨论、自学、动手操作来培养学生交流与合作能力，团结与互助精神，认同真菌在自然界中的作用。

（2）通过小组探究、小组展示、质疑等活动，提高学生探究学习、收集、整理资料的能力和口头表达能力。

3、情感、态度与价值观

通过学习，使学生认识到知识来源于生活又服务于生活，激发学生热爱学习生物知识和学习科学家细心观察及积极探索的精神。培养学生热爱大自然，保护大自然的情怀。

教学重点、难点

重点：认识真菌常见种类，形态结构。真核生物和原核生物的区别。

难点：真菌的营养方式和生殖方式的特点（区别于细菌）。

教学设计思路

在本节课中，首先通过图片联系生活实际，使学生对真菌有初步的认识（细胞有细胞核，无叶绿体）。通过观察酵母菌、青霉菌图片和资料，得出单细胞与多细胞真菌的宏观特征：由菌丝组成，同时能产生孢子进行繁殖。通过对霉菌、蘑菇的生长环境的观察与分析，总结出真菌喜温喜湿，需要利用现成有机物进行生活（异养生活方式），并与其没有叶绿体的结构特征相联系，帮助学生形成生物体结构与功能相适应的特点。

通过小组讨论、小组展示、个人展示、质疑、加分评比等教学手段，激发学生兴趣和动力。

教学准备

学生：提前预习，自学导学案。

教师：拍摄一些常见真菌照片，收集资料、制作PPT、开启HiTeach软件、调试平板、反馈器。

教学方法

观察法、实验法、小组合作讨论法、自主探究、小组展示等。

教学过程

教学环节	教师活动	预设学生活动	设计意图及多媒体利用
一、创设情境，导入新课	PPT展示各种真菌图片，创设情境，提出问题。利用抢答和挑人功能吸引学生注意力。	提前自主预习，联系生活，观察，自学，通过IRS抢答。	通过不同真菌的认识学习，了解真菌种类等初步知识。 利用IRS抢答功能和挑人功能吸引学生注意力，让课的一开始就展现出良好的状态。
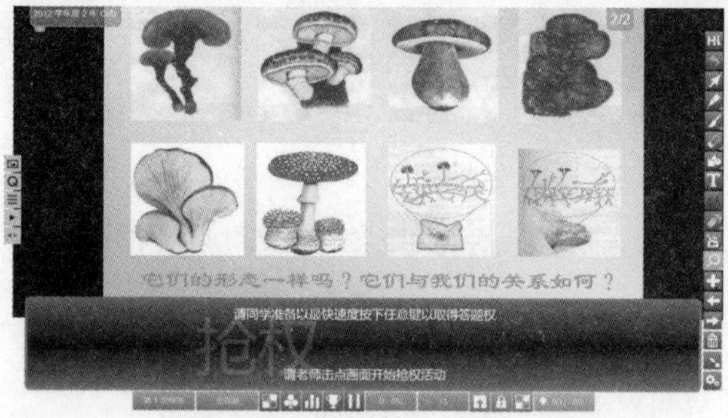			
二、提出问题，合作探究，小组展示	1．老师明确学习目标和内容。师生互动，确定目标。 2．布置“想一想，议一议”问题，引导学生自主思考后小组探究。 3．挑出最快的一个小组展示。 4．计分板计分，小组竞争。	先明确目标，在深入学习。完成“想一想，议一议”的两个问题，并在小组内讨论后平板发送答案。并做好展示准备。	通过观察图片，联系生活实际，完成“想一想，议一议”，初步形成对真菌不同于植物的认识。 根据学生回答情况，分别加分鼓励。体现学生是主体，教师是主导的角色转变。

续表

教学环节	教师活动	预设学生活动	设计意图及多媒体利用
三、实验观察，分析讨论，答疑评价	1．梳理问题，结合实际，从认识真菌结构方面入手，引导学生进行实验观察。 2．适时导，启发学生对真菌结构、营养方式等方面进行思考观察。 3．比较真菌和细菌的异同点。 4．引导学生学习真核生物并复习原核生物知识。 5．结合学习情况，提示学生对真菌的生殖方式的学习。 6．对抢答同学评价和小组打分。 7．对题目进行计时，及时督促学生。 8．对学生限时作答，巡视课堂，对部分学生加以指导和点拨。 9．教师对知识重难点进行标记、梳理。	1．观察实验：观察酵母菌和霉菌，说出真菌的结构特点及营养方式。 2．讨论： （1）酵母菌和青霉的细胞结构有什么特点？ （2）酵母菌形态结构和青霉孢子的颜色和着生状态各有什么特点？ 3．总结真菌结构，营养方式及生殖方式。 4．学习真核生物概念，并复习原核生物知识。比较真菌和细菌的异同点。 5．小组讨论，综合归纳，个人抢权进行回答展示、交流。	推送自学指导到平板HiTeach软件互动模式及计时器、作品展示、抢权回答功能等各个功能的应用，让学生自主学习、合作探究、成果展示，交流更有序、更充分、更激烈、更高效。

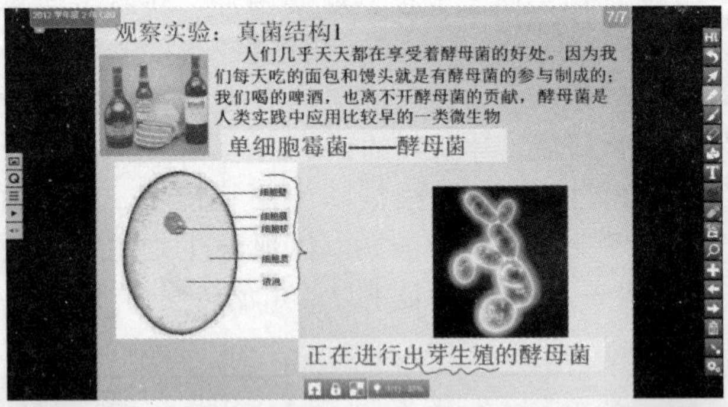

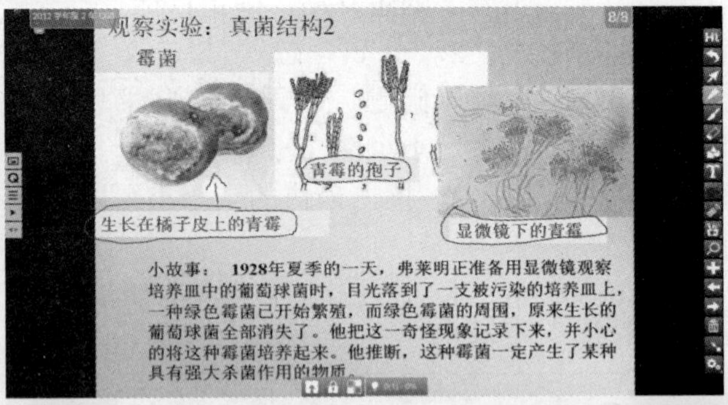

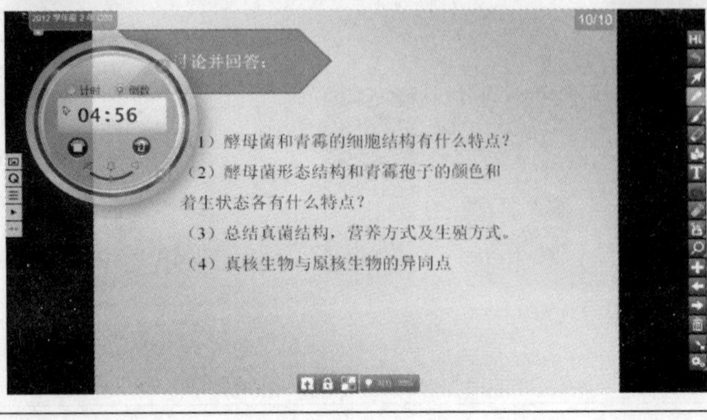

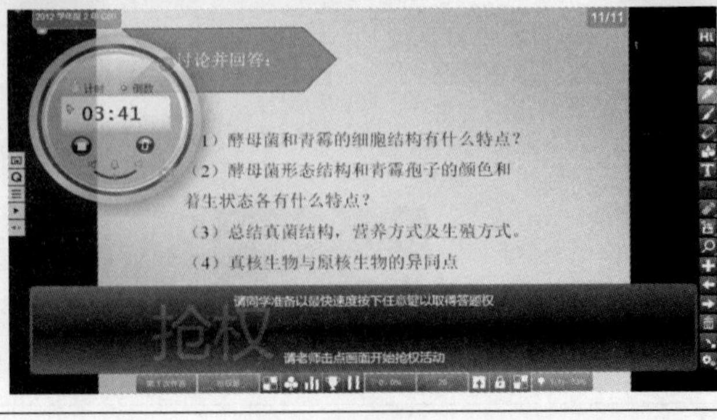

续表

教学环节	教师活动	预设学生活动	设计意图及多媒体利用
四、拓展延伸，总结评价，布置作业	1. 总结回顾本节课所学知识，展示板书，进行总结，梳理知识结构。 2. 学生尝试点评总结。 3. 评选出优秀小组和优秀个人，并对他们进行表扬鼓励。 4. 布置作业：正式作业：课堂练习册。课后作业：周末回家制作蘑菇孢子印绘画作品。	1. 通过对老师总结点评后的反思，找出自己存在的问题，并提出解决办法。 2. 学生在老师点评总结基础上，尝试再次点评总结。 3. 向优秀小组和个人学习，以他们为榜样。 4. 做好课余作业的前期准备。	教师总结，升华主题，联系实际生活，激发学生热爱学习生物的兴趣和积极探索生物世界的视野和能力。 应用激光笔、荧光笔等突出重难点。

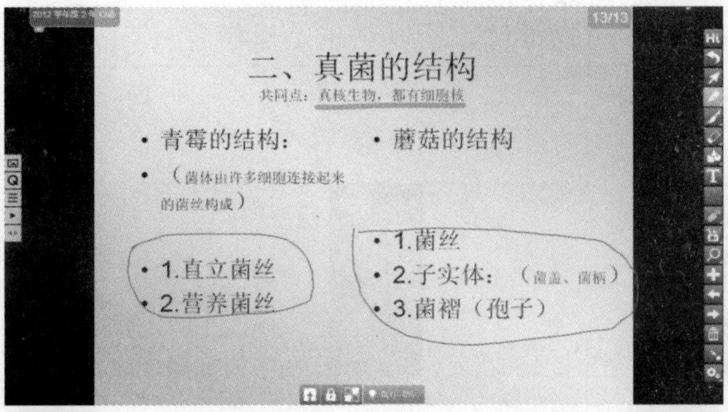

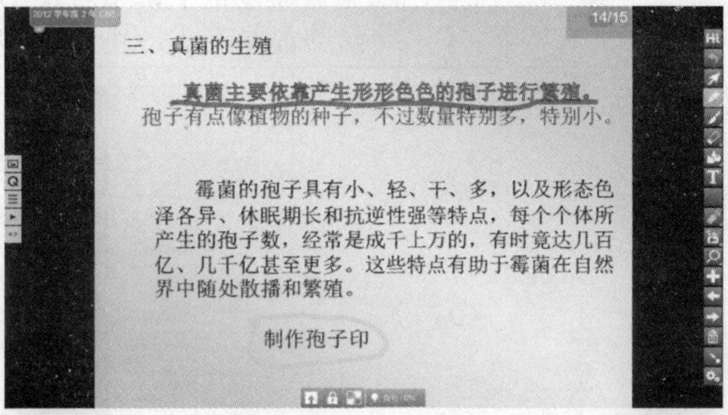

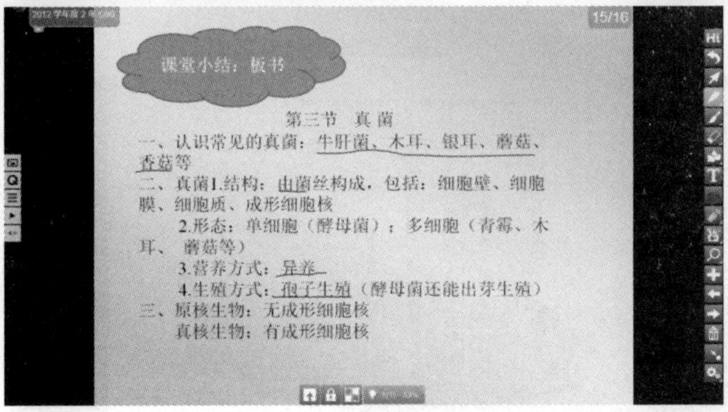

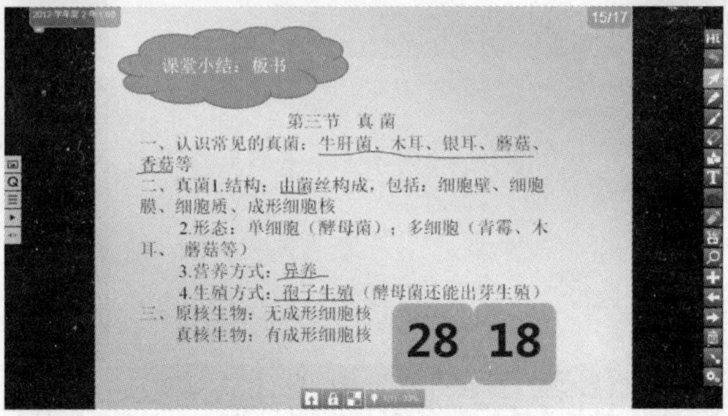

教学环节	内容
五、板书设计	第三节　真菌 一、认识常见的真菌：牛肝菌、木耳、银耳、蘑菇、香菇等 二、真菌1．结构：由菌丝构成，包括：细胞壁、细胞膜、细胞质、成形细胞核 2．形态：单细胞（酵母菌）；多细胞（青霉、木耳、蘑菇等） 3．营养方式：异养 4．生殖方式：孢子生殖（酵母菌还能出芽生殖） 三、原核生物：无成形细胞核 真核生物：有成形细胞核

续表

<table>
<tr><th>教学环节</th><th>教师活动</th><th>预设学生活动</th><th>设计意图及多媒体利用</th></tr>
<tr><td>六、当堂检测</td><td colspan="3">1．判断题
（1）真菌有单细胞的，也有多细胞的。（ ）
（2）真菌细胞内没有叶绿体。（ ）
（3）蘑菇和霉菌一样，也是有大量菌丝构成的。（ ）
（4）霉菌、蘑菇等真菌属于原核生物。（ ）
2．选择题
（1）下列生物的细胞没有成形细胞核的是（ ）
A．水绵　B．细菌 C．青霉 D．海带
（2）孢子生在菌褶上的是（ ）
A．青霉　B．曲霉 C．酵母菌　D．蘑菇
（3）下列最适于霉菌生长的环境是（ ）
A．干燥的衣物　　B．煮沸但密封的牛肉汁
C．潮湿的粮食堆　　D．煮沸的开水
（4）下列说法正确的是（ ）
A．细菌也通过孢子繁殖后代 B．蘑菇均可以食用
C．蘑菇的营养方式为异养　D．蘑菇和植物很像，所以它也是植物</td></tr>
<tr><td colspan="4">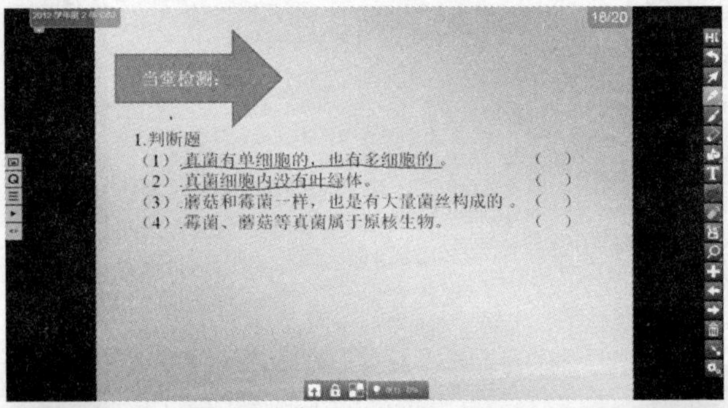

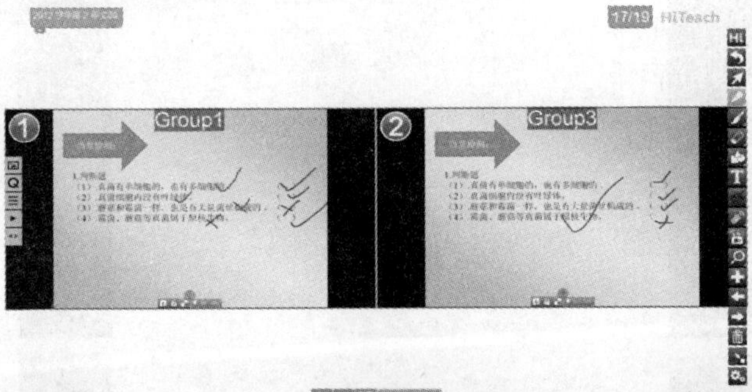

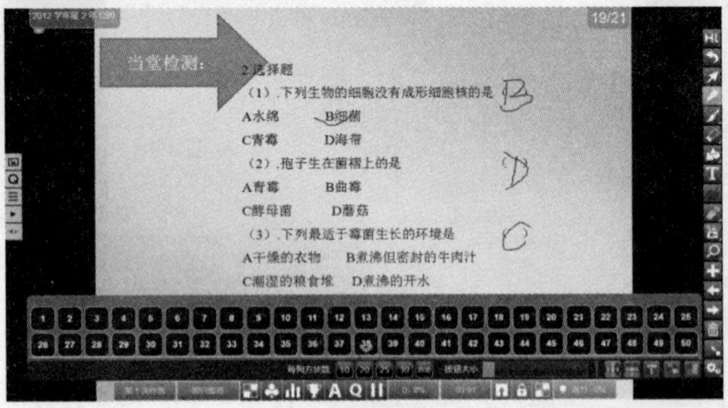

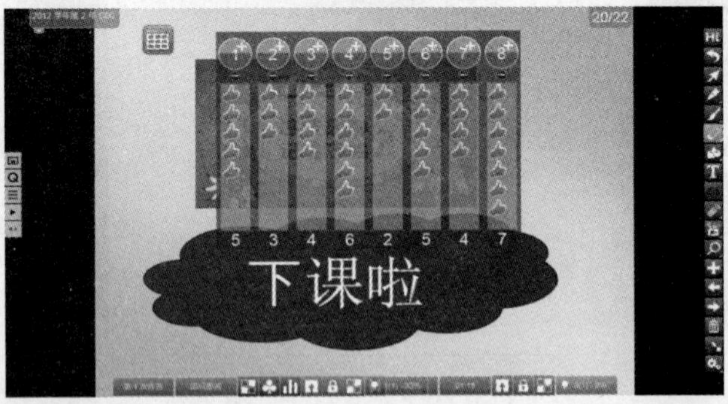
</td></tr>
<tr><td>七、教学反思</td><td colspan="3">本节课由于采取HiTeach软件，多媒体教学，采用音乐、动画、课件、黑板等多种教学工具，学生学习积极性较高，取得了较好的教学效果。《真菌》这一节主要学习了常见的真菌种类和真菌的特征以及真菌与细菌的区别。通过学生的自主学习，小组合作，自主展示，学生的思维被充分地调动起来，主动参与学习，使复杂性的内容演变成简单易懂的内容，并最大限度地发挥学生的主动性和创造性，使学生的思维能力和观察能力都得到提高。通过引导学生比较酵母菌、青霉、蘑菇的结构、生活方式、生殖方式等，让学生结合已有知识，理解真菌细胞的结构特点，为后续教学作好了铺垫。同时，又注重学法的指导，培养学生会学习，会好好学习。</td></tr>
</table>

专家点评

本节课内容与生活联系密切，学生本身学习的兴趣很高，老师从生活经验入手，密切联系生活实际，调动了学生学习的好奇心、主动性和求知欲望，课堂通过HiTeach软件、PPT、多媒体教学等多种信息化教学工具的使用，充分调动了学生学习的积极性，极大地发挥了学生的主动性和创造性，使学生的观察能力与思维能力等学习能力都得到了提高，取得了较好的教学效果，充分表现了智慧课堂的优势所在。

案例24：《桑塔·露琪亚》教学设计

（陕西杨凌第三初级中学　陈洪苗）

一、基本信息

学校	杨凌第三初级中学		
课名	《桑塔·露琪亚》	教师姓名	陈洪苗
学科（版本）	音乐（人教版）	章节	第五单元
学时	1课时	年级	七年级（下册）

二、教学目标

（一）情感、态度、价值观

1．能够初步了解欧洲音乐文化，感受意大利民歌的风格特点。

2．老师和同学能够一起积极的感受、比较、分析作品，大胆参与歌曲的表现，形成积极参与、乐于实践的学习习惯。

（二）过程与方法

在感受、体验和学习表现《桑塔•露琪亚》中领略意大利“船歌”的音乐特点，并通过歌唱将意大利民歌的演唱风格及特点表现出来。

（三）知识与技能

1．复习$\frac{3}{8}$拍指挥图示。

2．准确、有感情地演唱歌曲《桑塔·露琪亚》，运用正确的发声方法及符合作品的情绪来表现歌曲。

三、学习者分析

中学生对美声唱法感觉很遥远，认识也很模糊。大多数学生不喜欢美声唱法，他们认为只有会美声唱法的人才能唱《桑塔·露琪亚》，故教学要从大家喜爱的意大利旅游风光进入意大利民歌，在到声乐爱好者的美声唱法……层层深入，不断吸引和激发学生的歌唱热情，运用美声唱法，深情地、准确地表现音乐情感，很好地再现歌曲的音乐形象。

四、教学重难点分析及解决措施

教学重难点

领悟和表现意大利民歌的风格特点和演唱风格。

解决措施

利用智慧教室，运用HiTeach软件、短教投影以及PPT课件，帮助学生理解积累并掌握重点乐句；利用HiTeach软件中IRS按键作答，实时了解学生的学习情况，调整教学，提高学生对知识的掌握水平。

五、教学设计

教学环节	起止时间	环节目标	教学内容	学生活动	媒体作用及分析
一、导入新课	3～4分钟	引起兴趣	教师用幻灯片播放意大利威尼斯水城的景色，播放背景音乐《桑塔·露琪亚》，引入船歌。	集体聆听，并随音乐节拍做身体律动。	1. 随机挑人作答。 2. 积分榜奖励机制，调动学生兴趣
二、复习检测	5～6分钟	复习学习要点，联结新旧学习经验，检测学生学习效果。	通过欣赏，请学生思考，作品是几拍子？律动时，你感受到了怎样的音乐特点？ 自主练习$\frac{3}{8}$拍的指挥图示。 重点区分$\frac{3}{4}$拍与$\frac{3}{8}$拍的区别。	随机提人回答	1. 手机推送学生作品。 2. 用随机挑人功能选取学生。 3. 用实物提取机展示学生的预习成果。
三、自主学习	5～6分钟	培养学生的自主学习能力。通过发声模唱，让学生了解如何正确地咬字与归韵，为后面的演唱环节做好声音准备。	在教师的引导下，跟随老师的琴声用“la”音模唱歌曲的旋律。注意歌唱姿势与歌唱发声要领，做到声音圆润、统一、高位置，但要表现悠闲的情绪。	自主学习	利用挑人功能检测学生学习情况。

续表

教学环节	起止时间	环节目标	教学内容	学生活动	媒体作用及分析
四、合作探究	7～9分钟	通过合作学习，培养学生积极参与学习活动的兴趣。让学生感受附点节奏促成了音乐的起伏，十六分音符的节奏加强了音乐的荡漾感。	1．分段学习歌曲。小组合作找出作品中的附点八分音符与十六分音符的节奏？边唱边体会这些节奏对歌曲旋律的进行起到了怎样的作用？ 2．准确学习变化音升fa与还原fa，让学生反复聆听这两个音的区别，记忆这两个音，然后准确模唱这两个音。 3．填词演唱歌曲。先朗诵歌词，注意字头、字腹、字尾，特别是字尾的归韵，一定要让学生仔细体会。朗诵好以后，随伴奏有感情地演唱歌曲。	合作学习	1．利用TEAM Model的拍照功能。 2．利用上传功能检测合作探究结果。
五、达标检测	5～7分钟	检测学生的学习效果	教师提出演唱要求及注意事项。	跟随多媒体音乐伴奏，小组齐唱或个人单独演唱歌曲。老师指导。	1．利用抢答功能。 2．IRS按键作答，根据生成投票作答。 3．利用统计图检查学生学习效果。
六、拓展延伸 分享收获	7～8分钟	拓展学生思维，掌握难点知识。 第一乐段用较弱的力度来表现，第二乐段用较强力度来表现。表情要愉悦、自然。	1．引导学生为歌曲分段。即音乐的曲式结构是什么？ 2．两个乐段的音乐情绪有变化吗？如何表现？	集体学习 小组讨论用优美、自然的声音来表现歌曲，有感情地演唱歌曲。	拓展思维根据本节课学习活动得到的数据，全班反思，课后辅差导优。
七、总结	3～5分钟	今天，我们共同领略了欧洲国家意大利的经典音乐《桑塔·露琪亚》的音乐特点。（点名，让几位同学说一说这首作品的特点，教师再进行补充。）在后面的学习中，我们还要不断去聆听、学习优秀的世界民族民间音乐，从中感悟丰富多彩的艺术魅力。			

智能模式说明

<table>
<tr><td>参加组别</td><td colspan="2">□班级智慧教室
□电子书包智能教室
☑TBL团队合作学习模式</td><td>☑中学组
□小学组
（中学组含中学以上学校）</td><td>任教年级</td><td>全年级</td></tr>
<tr><td>教学单元</td><td colspan="3">第五单元</td><td>任教学科</td><td>音乐</td></tr>
<tr><td>智能模式简介</td><td colspan="5">本单元教学以TEAM Model智能教室搭配合作探究教学法进行。教学内容围绕三维教学目标而确定。通过七个阶段：导入新课、预习检测、自主学习、合作探究、拓展延伸、达标检测、总结具体实施。</td></tr>
<tr><td>模式架构（流程图）</td><td colspan="5">
</td></tr>
<tr><td>模式说明</td><td colspan="2">模式流程</td><td>步骤说明（40字内）</td><td colspan="2">照片</td></tr>
<tr><td></td><td>步骤一</td><td>导入新课</td><td>让学生观看图片，引起兴趣导入新课《桑塔·露琪亚》。</td><td colspan="2">

让学生观看图片，引起兴趣</td></tr>
</table>

续表

<table>
<tr><th>模式说明</th><th colspan="2">模式流程</th><th>步骤说明（40字内）</th><th>照片</th></tr>
<tr><td rowspan="3"></td><td>步骤二</td><td>预习检测</td><td>复习学习要点，联结新旧学习经验，并应用挑人、实物提取机激发学习兴趣与凝聚学生专注力。</td><td>

运用实物提取机检查学生预习
</td></tr>
<tr><td>步骤三</td><td>自主学习</td><td>自主学习，利用挑人功能检测学生掌握重点的节奏、节拍、
变化音的情况。</td><td>利用挑人功能检测学生学习情况

</td></tr>
<tr><td>步骤四</td><td>合作探究</td><td>利用TEAM Model上传功能把学生的合作探究结果上传。</td><td>利用上传功能检测合作探究结果
</td></tr>
</table>

续表

模式说明	模式流程		步骤说明（40字内）	照片
	步骤五	达标检测	利用抢答功能检测学习效果，并利用图标统计结果。	利用抢答功能  利用统计图检查学生学习效果 
	步骤六	拓展延伸	拓展课外知识及教师寄语。	拓展延伸  教师寄语
效益分析	1．利用PPT课件生动、直观地展示学习内容及重难点知识，使我们的教学能够达到事半功倍的高效率状态，真正地为学生减负，给学生留出更多的时间，让学生能够思考，进而能够创新。 2．运用分组合作讨论、IRS、抢答、挑人，上传合作结果、统计学生学习效果等多元评量方式，更能有效归结出正确的知识，掌握学生的学习效果，更精准掌握教学现场中学生真实的学习表现及效果，在良性竞争中，刺激学生追求成就的学习精神与态度。 3．多媒体信息化教学手段融入教学可以让学生从具体操作中掌握我们的学习目标。 4．以学生探究为主体，教师为知识学习的引导者，让学生因为解答而引起学习兴趣，越学越想学，越学越快乐。 5．利用“挑人”随机性的了解学生的旧知识掌握情况。 6．学生探究新知识，主动学习；教师利用HiTA软件，手机拍照推送，有效提高教学效率，节约课堂时间，更精准掌握教学现场中学生真实的学习表现及效果，在良性竞争中，刺激学生追求学习成就的学习精神与态度。 7．IRS实时作答、抢答功能，分组讨论，增强学生学习的主动性、积极性、参与性，化被动为主动，培养学生的自学能力，提高学生的学习能力。 8．更能有效归结出正确的知识，掌握学生的学习效果。 9．促使学生勇于展现自我，分享学习成果，提升学生表达能力，营造课堂的互动性、生动性。 10．利用“显示作答”、“显示图表”“显示总分排名”，能了解全班学生作答情况，调控教学进度，适时掌握学生学习情况；并根据诊断分析功能进行针对性补救活动。 11．软件的鼓励机制很大程度调动学习的学习兴趣及竞争意识。以学生探究为主体，教师为知识学习的引导者，让学生因为解答而引起学习兴趣，越学越想学，越学越快乐。			

专家点评

专家点评本课利用PPT课件、IRS等信息化技术，生动、直观地展示了学习内容及重难点知识，课堂上优美的画面及动听的乐曲不仅能刺激学生的视觉和听觉，开阔他们的视野，提高他们的认知水平和审美能力，最主要是能有效地唤起学生的学习兴趣，提高音乐课堂教学的效率。老师的教学在信息技术的辅助下也更有针对性，确保了学生的认知过程的连续性和完整性，为他们持久的音乐学习奠定了基础。整个音乐教学在信息技术的配合下充满了无穷的魅力。

案例25：《篮球基础理论知识》教学设计

（陕西杨凌第三初级中学　马海利）

一、设计理念和构思

本节课根据新课程标准改革的理念，坚持“以学生为本”，树立“健康第一”的指导思想。在特有运动基础上进一步进行理论学习从而提升技能技术，更好地激发学生参与学练的欲望和兴趣；以解决篮球运动中的实际问题为目的，让学生享受学习，享受比赛，从而培养学生的运动兴趣，提高篮球技能水平，进一步培养学生的集体观和合作创新精神，确保每一位学生受益，增强学生终身体育的意识。

二、学情分析

篮球作为中小学推广最普及的运动项目之一，深受广大学生的喜爱。初中阶段的学生表现欲极强，学习兴趣很高，他们很希望能通过这项运动展现自己的能力，吸引同伴的眼球。八年级学生不仅在小学时候已经初步学习了篮球的基础技术（当然除了个别学校没有条件开展这项运动的学生），而且在七年级整个学年内又把篮球技术升华了一遍。通过本课来提高理论与实践相结合，进而提升运动技能。现阶段媒体上对篮球运动的推广运作比较广泛，如美国职篮，中国的甲A篮球联赛等，篮球市场的火爆在一定程度上影响了很多群体，由于篮球运动的开展又比较容易，不管是在基层或在学校只要有一个篮筐和一只篮球，所以在初中阶段有必要让学生参与理念上的学习，更好地为提高篮球水平而打下良好的基础。

三、教材分析

本课篮球基础理论知识是初中教材中重要的篮球运球中内容之一，它与篮球技术有着紧密的联系。教师在这节授课中设计了篮球起源、场地画法、常见规则、巩固提高。先导入，再由浅入深是一个比较有科学性和可操作性的设计，发展了学生的理论基础知识水。整个内容设计息息相关，不可分割。通过实例解答学生在实践中出现的各种问题，为终身体育打下坚实基础。

四、教学目标

根据新课标五大学习领域结合学生实践发展的特点与所选教材（篮球理论知识）实际，特制订以下几点教学目标：

1．认知目标：通过本课学习，培养学生参与篮球运动的兴趣，体验篮球运动给他们带来的快乐。

2．技能目标：通过理论知识学习，使学生进一步提高运动技能技术，并能够处理日常的各个规则及场地问题。

3．情感目标：通过教师和学生、学生与学生互动学习，培养团结协作的能力，解决日常问题带来的愉悦和自豪感。

五、重点、难点

重点：场地设备、常见规则学习。

难点：场地的尺寸及规则在实践中的运用。

六、教学方法

本课在教法选择上遵循教学规律和学生认知规律，由浅入深、由易到难逐步提高，分别采用了：

（1）讲解、示范法：在规则上教师通过各种手势来增强学生的感知能力。

（2）探究自主学习法：通过自学、小组讨论及时发现解决问题。

（3）直观法：通过课件展示及师生互动，让学生更加容易掌握知识。

（4）评价教学法：充分发挥学生的主观能动性，让学生自评、互评，教师参与其中，提高学生自我认知能力。在教学中分别采用集中与分散相结合。各种的教学手段按照认知规律由浅入深、由易到难逐步提高。如此设计，让学生在逐步实践中得以锻炼，实现技能目标，解决重难点。

七、组织措施（教学过程设计）

（一）导入

教师出示PPT，学生欣赏NBA图片及动画，激发学习兴趣并分享参与篮球运动给自己带来的快乐。

（1）学生自由回答。

（2）老师随机挑人。

（3）老师对学生的回答进行点评。

（二）讲授新课

1、提问

篮球、排球、羽毛球、乒乓球参与人数最多的，最喜爱的项目是哪个？

学生自由回答。

教师讲解篮球的起源与发展。

篮球1891年起源于美国，是詹姆斯奈史密斯发明的。

1946年NBA成立。1976年女子篮球被列为奥运会比赛项目。

2、学生学习场地的划分

（1）老师讲解场地画法及相关数据。

篮球场长（　　）宽（　　），中圈直径（　　），边线宽度（　　）。

篮板长（　　）宽（　　），中间小框长（　　）宽（　　）。

篮圈内径（　　），篮架高度（　　）。

三分线——罚球区——罚球线——

（2）学生观看PPT，学习场地的相关数据。

3、学习篮球比赛规则

（1）老师讲解规则。

比赛方法，比赛站位

得分种类，计分方法

罚球违例，犯规记录

（2）学生分组讨论并记录有关比赛规则。

（3）随机挑选学生回答问题。

（三）巩固本节课学习内容

学生抢答问题，随机挑选，老师纠正。

（四）布置作业

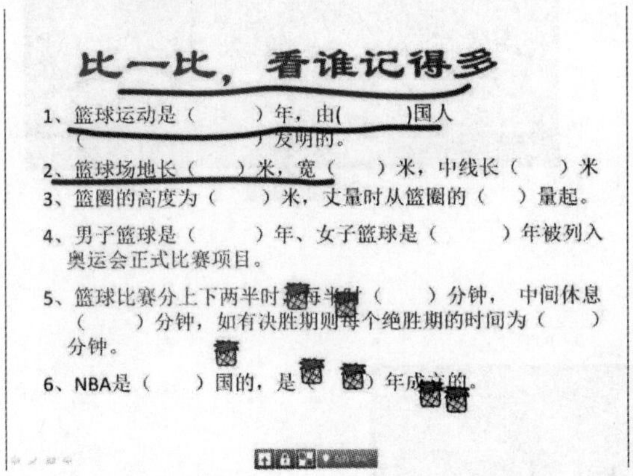

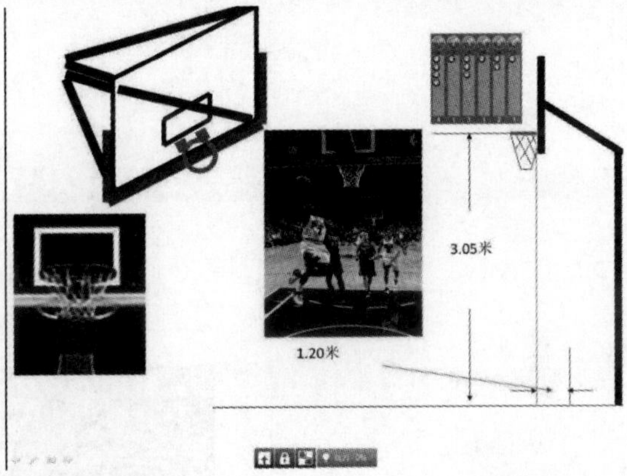

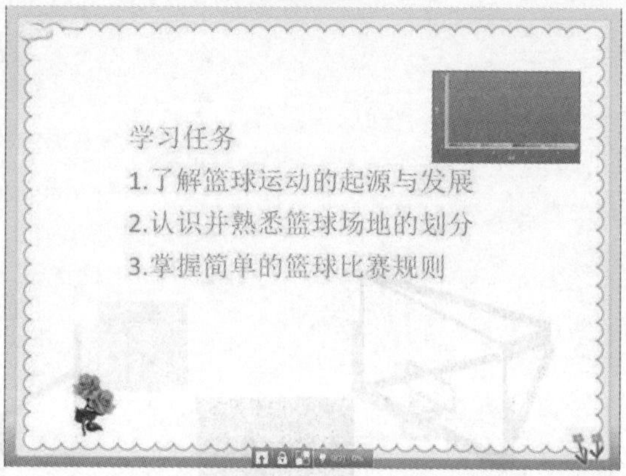

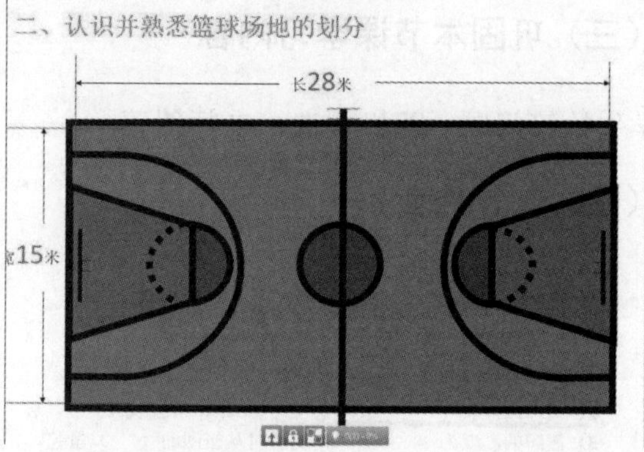

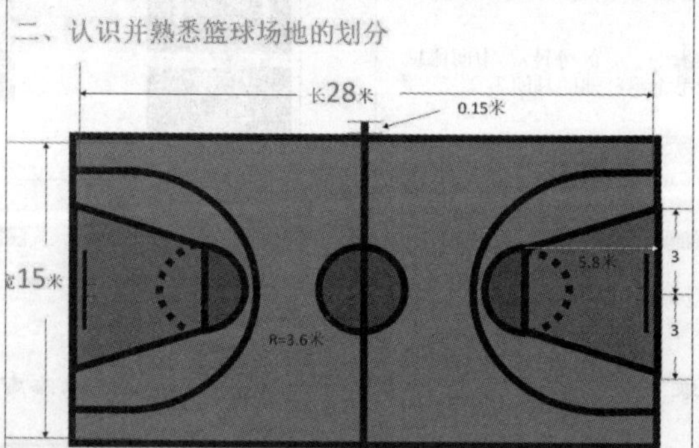

专家点评

本课教师运用现代信息技术辅助教学大大增加了课堂容量，增大了信息密度，提高了教学效率，丰富了学生的学习内容，利用PPT等信息技术，教师在课堂上展示与本节课教学内容相关的各种信息、画面、文字，给学生一种新异的刺激，极大地激发了学生的学习兴趣，吸引了学生的注意力，整个教学活动符合少年儿童的心理特点，营造了比较好的情境和体验，整个课堂安排得非常紧凑条理，使抽象的理论变得形象具体，课堂效率非常高。

第二部分　智慧课堂说课稿案例

说课，就是教师备课之后讲课之前把教法、学法、授课程序等方面的思路、面对面地对同行或其他听众作全面讲述的一项教研活动或交流活动。说课有利于提高教师备课的质量、课堂教学效率及教师自身素质，因而受到广大教师的重视。说课稿，是说课取得成功的前提，是教师提高业务素质的有效途径。

本部分所选说课稿均建立在智慧课堂信息技术平台的实践基础上，采用了课前学情分析、预习测评、教学设计，课中课题导入、探究学习、实时测评、总结提升，课后微课辅导、反思评价等方法。与传统的说课稿相比，教法、学法、授课程序、教学设计等内容有较大区别。教育信息化是贯穿全部说课稿的主线，教师应用信息技术工具引导学生学习，激发学生学习兴趣、调动学生学习积极性，学生参与教学活动的主动性，深广度都得到显著提升，教学效果非常显著。

案例1：《孙权劝学》第二课说课稿

（陕西杨凌第三中学　杨春艳）

一、教学目标的确定

（一）课文在本单元所处的位置

《孙权劝学》选自七年级下册第三单元。写的是孙权以自身为例劝吕蒙学习，吕蒙最终学有所成的故事。

（二）单元目标

该单元是一个名人单元。这些文章人文内涵丰富，都各自有侧重地写出了名人的品格、气质和生活道路。教学这一篇课文，应从情感、态度和价值观，过程和方法，知识和能力这三个方面着手。要理清作者的思路，深入理解课文的思想内涵，以及给我们的启发意义。熟悉一定数量的常用文言词语，养成自觉诵读的习惯在反复诵读中，并对作品的语言特色有所体会。

（三）学情分析

七年级学生在以前的语文学习中，学过一些文言诗词，再加上这课篇幅短小，深奥字词较少，所以在字词疏通上独一花费大的气力；现在很多学生在学习上有懒惰情绪，所以在情感目标上稍稍加以多讲。

教学目标的确立：

根据单元目标和学生分析，我预备将此课分为两课时进行教学。第一课时教学任务为：让学生能有感情地朗读课文，最好能当堂诵读；疏通文章字词，整体感知课文。

今天第二课时的教学任务为：

（1）知识目标：复习掌握一些文言词语的意思。

（2）能力目标：揣摩体会人物的语言，分析对话，体会人物形象。并能找出文中的侧面描写。

（3）情感目标：理解“读书求知的可贵”（开卷有益）。

二、教学方法及教学手段的运用

教学方法：

我国古代的教育文献《学记》曾强调“道而弗牵”“强而弗抑”“开而弗达”反对注入式、填鸭式的教学方式，倡导自主、探究的学习方法，从教与学两方面进行点拨，授之以鱼，不如授之以渔。

练习法：

通过学生做习题，进一步巩固文中的字词句段的意思。

现代化的四学三注法：

这是我自己在我们杨凌区推行的“阳光教育＋智慧课堂”的高效课堂的实践中自己总结的方法。河南的高效课堂的“四学三注法”很适合在任何地方普通中学开展，因为这种教学方法要求学生人人都参与共同进步，很大程度上能激发中等生和潜能生的学习热情，没有现代化的教学设备也能进行。而武汉的智慧课堂主要是运用现代化仪器进行教学，既能节省上课时学生板演的时间，又能及时反馈学生本堂课知识的掌握情况。所以在上课的过程中我取长补短，将两者作了有效的融合，提炼出了自己的一套上课方法，将它命名为“现代化的四学三注法”。本节课学生将在教师的引导下，集中鉴赏本文各具特色的人物形象，激发学生的学习热情，掌握侧面描写的写作方法。

教学手段：

运用“智慧课堂”软件，老师为引导，学生为主体进行教学。

三、教学过程

（一）导入新课

以猜谜语的形式，既复习了上堂课所学知识，又引发学生的好奇心进而激发学生的兴趣。

（二）复习检查

从通假字、一词多义、古今异义三方面考查学生对上堂所学内容的掌握情况，为合作探究部分铺平道路。

利用小平板电脑发放练习，及时知晓每个学生的知识掌握情况，根据反馈，采取相应策略。

（三）自主、合作、探究

这三道题的设置是根据教学目标而设置的。这一环节采用“现代化四学三注法”，回答问题时要求学生从课文中找依据，要言之成理，共同形成对三个人物的深刻认识。这样有助于培养学生的思维能力。

要求学生从课文中找依据，主要是培养学生分析问题的能力；让全组学生都参加班上展示，主要是锻炼每个学生语言的组织与表达能力；让C等生都能尽量不掉队；让每个学生都有锻炼的机会，体现教育的公平性；让每个学生都有展示的机会，以培养C等生的自信心，激发他们对语文乃至学习的兴趣，让他们尽量不掉队；锻炼组员之间的团结协作能力……

课堂上发挥小平板电脑的照相作用，既节省了时间，又能及时知晓每组的学习情况。

（四）达标测试

利用小平板电脑的及时反馈作用，当堂检测学生对本节课所学内容的掌握。老师能够通过白板显示清楚知道每个学生的答题情况。

教学反思表

学校	杨凌区第三初级中学		
课名	《孙权劝学》	教师	杨春艳
学科	语文	年级	七年级
1. 应用了哪种新媒体和新技术的哪些功能，效果如何？ 本科应用来天士博版的电子书包和鸿合交互式一体机，它们不仅提供了多样化的教学手段，为教学带来了方便，更重要的是新媒体新技术的应用，极大的关注学生了个体的发展，为“一对一”的教学提供了载体，让学生的自主性得到了更好的体现，也让课堂更快捷、更高效、更自主。			
2. 在教学活动应用新媒体新技术的关键事件（起止时间（如：5′20″～10′40″），时间3～8分钟左右，每节课2～3段），引起了那些反思（如教学策略与方法的实施、教学重难点的解决、师生深层次互动，生成性的问题解决等）。 复习环节学生在平板上做题时，写得有些慢，既浪费了时间，写的字也很难看。 最后的检测环节，就易出错题全班订正时，一体机上的字放不大。			
3. 新技术应用于教学的创新点及效果思考（教学组织创新、教学设计创新等）。 （1）新技术的使用，增加了课堂的趣味性，降低了内容的复杂性。 （2）新知识的学习，有了具体的操作平台，简单直观，让课堂更加自然，贴近生活。 （3）课堂巩固更高效、更快捷，系统自动评价诊断学生的评价结果，有利于师生及时了解学习动态，及时查漏补缺。 （4）课后作业跟有针对性，有了前面的课堂评价，学情一目了然，教师则根据实际情况设置适合学生的作业，有利于因材施教。			
4. 对新技术的教学适用性的思考及对其有关功能改进的建议或意见。 （1）技术仅仅是技术，不能超越了课堂应有的目的。 （2）先进的教学手段与落后的教育理念存在反差，如何做到二者的深度融合是需要继续改进和探讨的。 （3）过分追求它的“外在美”，而忽视它的“内在美”			

专家点评

这篇说课稿思路清晰、难易适中，内容饱满，教学环节安排得非常紧凑，充分体现了新课标的理念，教学中采取合作探究方式，注重调动学生的积极性，让学生参与进来，拓展学生的想象空间，打破了传统教学中教师一言堂的局面。注重基础字词教学、朗读教学。课堂上能恰到好处运用信息技术，增加了课堂的容量和趣味性，降低内容的复杂性，让课堂更加自然，贴近生活。课堂有评价，学情一目了然，利于因材施教、化难为易，化抽象为具体。总之，这篇说课稿是成功的，充分体现信息技术融入的现代化教学理念，能活跃课堂气氛，值得推广和借鉴。

案例2：《一元一次不等式》复习课说课稿

（陕西杨凌区第三初级中学　汤月侠）

一、说教材

一元一次不等式是人教版七年级下册第九章的内容，是中考的必考内容之一，不等式的基本性质、解集的概念和把解集在数轴上表示出来、不等式的应用题都是近年中考的热点内容，因此不等式相关知识的熟练掌握影响重大。本节课是复习课，因此可以在学生“三基”（基本知识、基本技能、基本方法）巩固的条件下向纵深发展，使知识结构化，条理化。

二、说目标

1、知识与技能目标。

（1）整理本章不等式各相关知识点，使所学知识条理化。

（2）进一步体会不等式各知识点之间的联系，体会化归思想、数形结合思想。

2、情感、态度、价值观目标。

通过独学、合学、展学、测学，使学生体会数学化归思想、数形结合思想，体会学生主体，教师主导，学生展示，教师点拨的高效课堂模式。

三、说重点和难点

1. 复习重点是：一元一次不等式解法步骤及失误避免。
2. 复习难点是：熟练、正确的解一元一次不等式，会分析解决不等式应用题。

四、说教法

1、引导学生自主学习法。

新课程要求改变学生的学习方式，让学生超前与文本进行对话，教师根据学生的最近发展区实施教学。本节课我让学生提前完成导学案的环节就是这种方法的体现。

2、合作——讨论式教学法。

“把学生从智力的惰性中挽救出来，就是要使学生在某一件事情上把自已的知识显示出来，在智力活动中表现自己。”这道出了小组合学的重要性和优越性。我在本节课里让学生组内共同讨论，选出最有代表性的成果进行展示。

3、多媒体辅助教学法。

新课程标准指出：……现代教育手段和技术将有效地改善教学方式，提高教学效益。本节课里我所用的HiTeach挑人、抢答、统计图、上传、推送等功能大大提高了课堂教学效果。

4、激励评价教学法。

激励是学生创新精神和能力的生长剂，是活跃课堂的催化剂，老师必须学会激励学生。我在教学中捕捉学生身上的“闪光点”，对有独特观点的学生给予肯定，对有进步的学生给予鼓励性的评语，对有错误见解的学生及时点拨，使每个人都能体会到成功的喜悦，课堂上对学生及时评价，激励学生积极展示、小组竞争，优化课堂效果。

5、组展——活动式教学法。

我在本节课开展小组展学活动，让学生当小老师，提高了学生课堂参与度，使学生真正成为课堂的主人。

五、说学法

本节课的所采用的学法有：

1、合作学习法。

萧伯纳说过：“假如你有一个苹果，我有一个苹果，我们相互交换，手里还是只有一只苹果；假如你有一种思想，我也有一种思想，我们彼此交换，我们就有两种思想了”。我在本节课让学生小组合作，让他们优势互补，互相学习，解决独学完成不了的问题，最大程度发挥团队作用。

2、分层达标法。

设置题目由易到难，练习由浅入深，有利于知识的正迁移。让学生自信心不断加强，使每个学生均能有所发展。

3、探究学习法。

让学生在合学的过程中，探究自己疑惑的题目，力争在小组成员帮助下解决问题。

六、说过程

本节课总的复习思路是坚持以学生为主体，教师为主导、学生展示，教师点拨的原则，以培养学生的自学能力、探究能力、团队合作能力为目标，因此我设计了以下复习过程：

复习知识点1：一元一次不等式的概念——知识点2：一元一次不等式的性质——知识点3：一元一次不等式的解法——知识点4：一元一次不等式的应用

（一）说不等式的概念

什么是不等式？

判断下面那些是不等式，那些不是不等式。

①$3<4$　　②$2x^2+3>0$　　③$6x-3$　　④$2x+3=y$　　⑤$3x+4<7$

【设计意图】利用问题把学生的记忆带回不等式的概念中，回顾所学知识。

（二）说不等式的性质

已知$a>b$，$c<0$，那么下列不等式成立的是（　　）。

A. $a+c>b+c$　　B. $-a>-b$　　C. $ac>bc$　　D. $\frac{a}{c}>\frac{b}{c}$

【设计意图】让学生在选择中体会利用不等式性质时易错点，强化不等式性质的熟练运用。

（三）说一元一次不等式的解法

解下列不等式，并在数轴上表示它的解集。

$$\frac{x+5}{2}\geqslant\frac{3x+2}{2}$$

【设计意图】使学生对不等式的解法有一个系统的认识，建构一张知识图，使知识结构化，条理化，强化学生正确解一元一次不等式的能力，及在数轴上正确表示解集的能力。

（四）说不等式的应用

【设计意图】使学生学会把一些数学问题转化为一元一次不等式来解决，学生熟练掌握不等式实际问题的解题思路。

（五）说测学

再次考查学生对不等式各易错点的掌握熟练程度。易于后面对症下药，强化训练。

（六）说总结

使学生一课一得，善于总结反思。

现代教育——智慧课堂与我随行

从接触智慧课堂，到培训使用智慧课堂教学模式，再到具体实践智慧课堂教学模式整整一年了。这一年，不仅是一个学习的过程，也是一个成长提高的过程，更是一名教师，面对现代化教育，必须要经历的一个过程。这一年，我一边运用智慧课堂教学模式进行教学实践，一边反思以前长期运用的传统教学方式，最大的感受就是，智慧课堂运用了现代化信息技术手段，解决了传统教学模式中教与学存在的许多矛盾，使教者善教、学者乐学。

1. 和传统教学方式相比，智慧课堂在备课备教方面，大大减短了教学资源的检索、选择和运用的时间，简化方便了教师备课备教过程。

以互联网为背景的课堂教学，其教学资源丰富的程度是难以限量的，我们运用现代信息技术很快就可以对其进行共享、筛选，择优使用，优化教学内容和呈现方式，使得教师备课备教方面变得简便易行。

2. 和传统教学方式相比教学过程更加流畅，更能体现生本理念和以学为主的现代教学观念，也更能提高学生主体意识，更能调动学生学习兴趣。

态度决定成败，兴趣是最好的老师，学生如果没有学习主体姿态，在没有兴趣的被动状态下强制性的进行学习，学习就成为一种负担，就会对付着学、厌学，更谈不上探索真理了。智慧课堂教学模式在数学课中的应用，点燃每一位学生的学习热情，极大限度地激发了学生的学习兴趣，使得孩子们一改往日的怕学、厌学情绪，平等、及时、主动、积极地参与到课堂中来，课堂教学效果达到事半功倍的效果。

3．和传统课堂教学模式相比，智慧课堂最大的优势就是其教学效果反馈与学生学习评价迅速及时，范围宽广，真正做到了在课堂上关注每一位学生。智慧课堂通过抢权、推送、快递、飞信、反馈等信息技术的应用，很好地提高了学生的注意力，也给每个学生创造了平等参与的机会，老师对学生学习效果评价也更加客观、准确、及时，师生互动充分、评价及时的数学课堂才是真正的智慧课堂！智慧课堂的这些优势是传统教学模式难以比拟的。

总之，随着智慧课堂教学模式深入细致地开展，教师运用现代化教学手段越来越熟练，教学变得越来越方便，学生的学习兴趣越来越提高，智慧课堂真正是教者善教、学者善学的课堂。

专家点评

这篇说课稿包涵了说课所需要的各个内容，各部分之间既相互独立又有机统一，教法上采用了情境教学法，学法上采用了探究式学习，能有效应用现代信息技术，注重用新课程理念设计教学，整个过程条理清楚、前后连贯，能较好地把学生的思维过程，认识过程融入学习过程中，从而有效地把所学知识拓展延伸，教学过程中，注重学生互动，营造良好学习氛围。

案例3：《合理安排时间》说课稿

（陕西杨凌高新小学　张蕊）

大家下午好！我是来自陕西省杨凌示范区高新小学的一名数学老师，很高兴在这里与来自全国各地的老师进行交流。

今天我说课的课题是义务教育人教版四年级数学上册第八单元数学广角例1的内容——合理安排时间（沏茶问题）。我们学校从2015年9月开始启动新的教学模式——智慧课堂，教师运用智慧教育HiTeach、HiTA（智慧助教App——HiTA）、HiLearning新技术，通过简单的操作，实现信息化技术与课堂的融合，在一对多的课堂实现一对一的教学，强化个性化教学，让每名学生的思维可视化，突出重点、突破难点，让沉闷的课堂一下子变得生动活泼，通过适时检测，及时反馈，掌握每一个学生的学习动态，达到事半功倍的效果。下面我简单从以下4个方面进行说课：

一、纵横联系，说教材

新课标将“使学生获得数学的基本思想”作为数学课程的重要目标。说明数学课程不仅承载着知识、技能，还应让学生在经历学习的过程中获得数学思想，获得以数学的思维方式观察、思考、分析、解决现实问题的能力。本单元数学广角的内容就是系统地、有步骤地向学生渗透基本的数学思想，体验数学的魅力。本节课的内容就是分析家里来了客人需要沏茶时怎样安排操作更省时间，让学生从数学的角度经历在多种解决问题的方案中寻求最优方案的过程，进而理解优化的数学思想，感悟优化思想在解决问题的策略中所发挥的重要作用。

二、教学目标及教学重难点分析

根据以上对教材的分析，我设计了以下三个教学目标：

1．使学生通过简单的事例，认识到解决问题策略的多样性，学会选择合理、快捷的方法解决问题。

2．让学生初步体会到优化思想在解决实际问题中的应用，形成寻找最优方案的意识。

3．使学生逐渐养成合理安排时间的良好习惯，提高解决实际问题的能力。

教学重点

尝试合理安排时间的过程，体会优化的思想。

教学难点

学会选择合理、快捷的方法解决问题，形成寻找最优方案的意识。

三、教法与学法分析

为了突出教学重难点，主要采用了以下的教法和学法。

在教法上，主要采用两种：

1．情境教学法：给学生创设小明的一天的生活情境，学生在这种情境中，根据自己已有的生活经验，尝试解决具体的问题的方法。

2．小组合作学习法：通过小组合作学习，让学生在解决问题的过程中学会与同伴交流合作，共同探究新知识。

在学法上，着重引导学生运用自主探究、合作探究两种学习方式交替学习，让他们真正以课堂为主体的身份参与全程。

四、教学过程分析

数学来源于生活，以用于生活。本节课设计思路是以“小明的一天”为背景，用3个故事贯穿一节课。

1、导入部分

在导入环节中，我出示两道选择题

（1）早上小明起床后收听英语磁带8分钟，叠被子3分钟，一共需要多长时间？（　　）

（IRS即问即答，柱状图出示。）

A．11分　　B．8分　　C．3分

学生通过手中的IRS反馈器进行选择，柱状图来显示学生的作答情况是总共需要11分钟完成这两件事情。

（2）早上小明起床后收听英语磁带8分钟，叠被子3分钟，做完这两件事情最少需要多长时间？（　　）

（IRS即问即答，柱状图出示。）

A．11分　　B．8分　　C．5分

小组交流讨论，出示两次柱状图，最后讨论出的结果是最少需要8分钟。

通过设计与学生实际生活密切的情境，学生利用反馈器进行选择，对比学习，使学生初步感知能同时做一些事情，可以使所用的时间最短。此时通过爱迪生的一句名言引出今天所要学的课题——合理安排时间，同时为下面的学习作了铺垫。

2、新授部分

新授部分我延续了导入部分的故事，引出了李阿姨来小明家做客的情景。

（1）多媒体出示情境图，学生通过观察情境图，找出信息小明怎样才能尽快让李阿姨喝上茶。

（2）电脑快速挑3人，学生联系自已的日常生活想一想，沏茶所要做的准备工作。

（3）多媒体出示小明沏茶时所要做的事情和时间。

（4）独立思考，计时器计时1分30秒。

（5）小组交流讨论。我将沏茶时所需的工序图发送到学生的平板电脑上，小组成员通过拖拽图片设计出沏茶的方案，并且计算出所用的时间。

（6）作品观摩，老师留出4个席位，各个小组将自己小组的方案传送到老师的电脑上，教师及时讲评，并对表现好的小组给予加分鼓励。

（7）教师小结。

在新授环节，让学生进一步感知寻找最优方案，我采用了和学生生活实际联系紧密的沏茶情境，通过谈话，让学生先独立思考，给学生留出了足够的思考空间。然后在平板电脑上，小组内交流、设计方案。培养了学生合作、探究、交流的意识和能力。这样的教学不但活跃了学生的思维，而且使学生学得轻松。作品观摩，各小组通过展示、比较、评价出最优方案，并引导学生初步用流程图表示事情的先后顺序，初步了解统筹法。这样的组织让学生的思维有序，培养了学生的表达能力，充分体现了学生为主体，教师为主导的原则。

3、巩固练习部分

（1）小红感冒

多媒体出示题目

a. 独立思考。

b. 小组交流讨论。

c. 作品观摩（手机HiTA上传，小组加分）。手机HiTA功能可以将学生的作业随时上传，教师可以及时讲评。

d. 多媒体出示流程图。

（2）做饭问题

多媒体出示题目

a. 独立思考。

b. 小组交流讨论。

c. 作品观摩（手机HiTA上传，小组加分）。

d. 多媒体出示流程图。

总结我们刚才做的这些事情都是采用同时做几件事情的方法来节省时间，提高效率，从而合理安排时间。

4、对比学习

多媒体出示判断题。

（1）小丽边写作业边听音乐。

（2）红红边吃饭边看“少儿英语电视”节目 。

（3）芳芳边走路边看书。

总结：同时进行可以节省不少时间，但有时候也要讲究健康科学的生活方式。

5、总结

（1）本节课你有什么收获？

（2）引用朱自清的《匆匆》，对学生进行珍惜时间的教育，也能给学生以启迪。

6、板书设计

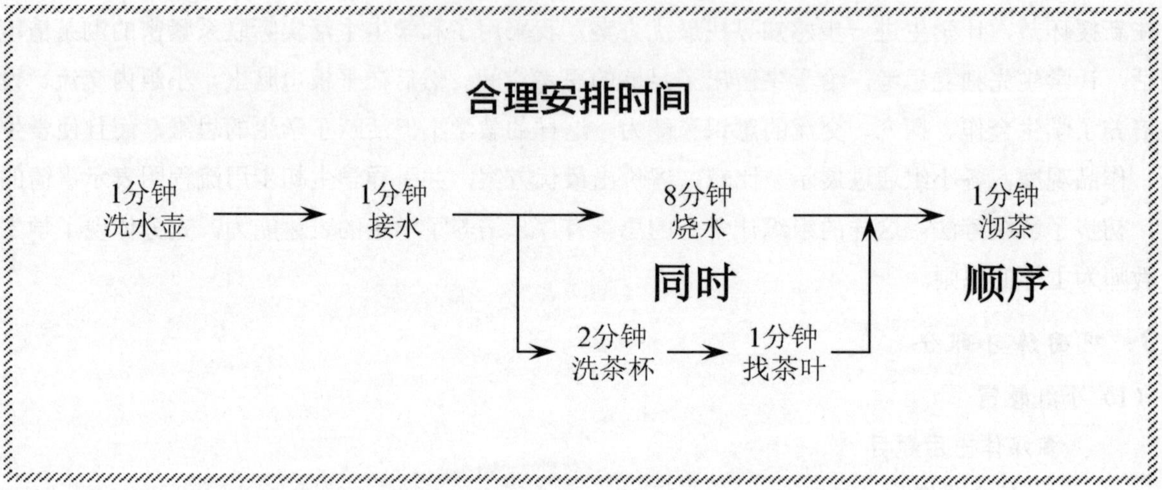

板书设计以流程图的方式出现，突出了本节课的重难点，简洁明了。

新课标指出："要把信息技术作为学生学习数学和解决问题的强有力工具，致力于改变学生的学习方式，使学生乐意并有更多的精力投入到现实的、探索性的数学活动中。"这也就要求我们每一位老师要进行信息化设计，从而促进以学为中心的学习方式的转变，充分恰当地利用现代信息技术和信息资源，科学地安排教学过程中的各个环节和要素，以实现教学过程的优化来提高教学效率。智慧教育极大地改变了教师的教学方式，将老师从繁重的、重复的劳动中有效解放，对原有的对学生课堂的水平由模糊的感觉转变为准确的个性反馈和数据分析，有效提升教师课堂教学效率，真正实现了高效、有效课堂教学。课堂教学真正实现了师生高效互动，落实了"自主、探究、合作"的课程理念。在节奏张弛有度、气氛轻松活跃的课堂环境下，学生学习兴趣更加浓厚，自主学习能力明显提升，原来"被动"的学生，现在"主动积极"了起来，学习兴趣被不断激发，个性思维得到尊重。

在本节课的教学中，我也存在着很多方面的不足，敬请各位评委老师提出宝贵的意见和建议，不断地改进自己的教学方法。

专家点评

这篇说课稿内涵丰富，外延很广，采用了情境教学法及探究式学习法，有效应用现代信息技术，将信息技术作为学生学习数学和解决问题的强有力工具，致力于学生学习方式的改变，注重用新课程理念设计教学，整个过程条理清楚、前后连贯，能较好地把学生的思维过程、认识过程融入学习过程中，使学生乐意并有更多的精力投入到现实的、探索性的数学活动中，从而有效地把所学知识拓展延伸，教学过程中，注重课堂师生、生生之间的互动。

第三部分　智慧课堂教研感悟

随着新一代信息技术的迅速发展和广泛应用，信息技术与教学融合不断深入，智慧课堂成为当前学校信息化教学的一个新的热点问题，基于各种新媒体、新技术的应用，新的教学手段不断涌现，课堂教学模式也在不断发生变化。

智慧课堂的核心在于用最新信息技术手段来变革和改进课堂教学，解决传统课堂教学中长期存在并难以解决的问题，通过智慧的教与学，促进学生个性化成长和智慧发展。因此，研究如何利用新一代信息技术构建智慧课堂信息化环境，实施智慧的教学与学习，具有十分重要的理论和现实意义。

本部分所选内容前瞻性地研究了HiTeach、IRS等教学信息技术的作用；研究了如何构建和实施智慧课堂教学，建立新的信息化教学模式；记载了课堂教学应用信息化技术后带来的巨大变化和作者的深切感悟，观点新颖、论证充分、方法实用，所探索的信息技术与课堂教学深度融合的途径与方法，为当前教学信息化实践缺乏理论指导及改革提供了重要的参考和依据，必将推进学校教育信息化建设不断深入发展。

案例1：IRS反馈器：小工具，大作用

（四川成都师范银都紫藤小学　李静）

作为一名新教师，有两个问题曾让我困惑：

（1）如何吸引学生注意力，让学生参与到课堂教学活动中？

（2）如何在课堂上关注不同层次的学生？

通过一系列智慧课堂的培训学习，以及在课堂上的实践，IRS的使用体验给了我一些帮助和启示。在智慧教室的支撑下，老师们经常使用HiTeach教学系统，但是它的功能远不止电子白板那么简单和单一，它能实现和学生的互动，调动学生的学习积极性。

IRS有什么用？

IRS又叫做即时反馈系统，主要应用于课堂上，学生人手一个IRS遥控器，老师则有专属遥控装置。在教学过程中，有了IRS装置，可以随时进行提问及互动式教学，是课堂最佳辅助工具。学生能同步进行反馈，便于老师掌握学生的学习情况，能激励学生主动学习，上课更专注。

（1）IRS反馈系统及工作原理

（2）IRS的作答功能和抢权功能

学生通过IRS可以进行两个动作：作答和抢权。作答时每个学生都能对题目进行选择，给出自己的答案。抢权则是每个学生参与到抢答中，回答问题的权利完全由学生自己掌控。针对这两个功能，教师端又有不同的反馈机制。当学生作答时，老师能看到哪些学生已经作答，哪些学生未完成，鼓励并监督每个学生参与到活动中。教师设置正确答案后，系统会对每个孩子的作答进行反馈加分。相应的统计图表也能帮助教师了解学生的学习情况。

当学生抢答时，每个小朋友都想成为“幸运儿”，有能力答对的学生可以获得系统的加分，而不会的同学可以请同学帮助他回答这个问题。

（抢权，把主动权还给学生）

这个功能简单易操作，却能发挥意想不到的作用。在期末前的复习阶段，教师利用IRS反馈器来观察学生的知识掌握情况。学生通过听音然后按反馈器进行作答。每个孩子都积极参与到其中，在老师给出答案后，正确率一目了然。学生会因为全班都答对了而兴奋的欢呼。在遇到分歧较大的题时，统计数据可以显示出学生思考结果的差异，此时可以用抢答模式请小朋友来给出自己的答案并进行解释，答对了加分，学生也会为之开心。完成练习后，学生和教师一起查看系统排名，这样的数据能让教师对学生的知识掌握情况有所了解。在教学中遇到有趣的活动时，老师会纠结到底选谁来作答，使用抢答功能后，一切机会转移到学生手中，做到了教育的公平最大化。比如在教授Colors这一课，我请小朋友上前变魔术，当全班小朋友齐刷刷的举手，你真的会有手足无措的感觉，而抢答，是解决这个问题最好的方法。

（3）规则意识和团队意识的培养

了解学生使用反馈器，可以在细节中培养孩子的规则意识和团队意识。比如作答前反馈器的摆放，统一放在小组的中央或者放在课桌的右上角。作答时，老师发出明确的口令：请选择、请抢答、请判断、Here we go、请看结果。学生能够辨别不同的指令并在规定时间内作答。在管理反馈器的过程中，每个小组都有自己的组名，有学生专门进行反馈器的分发与保管。反馈器便能够培养孩子的团队意识。

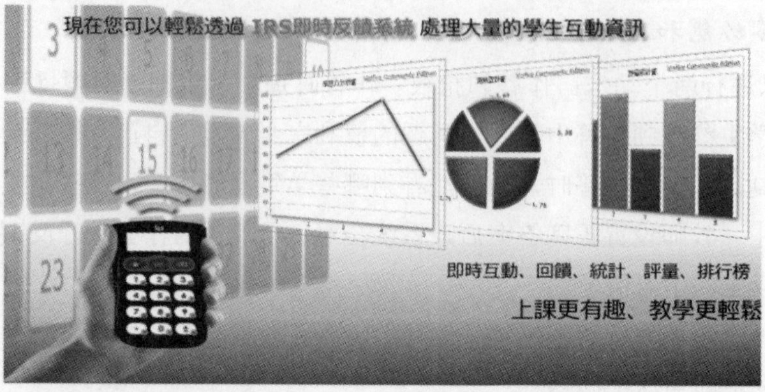

（学生反馈的结果迅速形成数据，教师课堂了解学生的学习情况。）

运用IRS反馈技术来辅助课堂，能实现多种多样的教学目的。IRS反馈系统就是协助老师们刺激学生学习的有效工具。

（反馈器的管理和使用，随时培养学生的团队意识和规则意识）

专家点评

教师能结合自身情况谈IRS反馈器在其实际教学工作中发挥的积极作用，本文阐述了互动反馈系统（IRS）引入现有教学中，对教学产生了巨大的推动作用：对于教师IRS教学能协助诊断、改善师生互动、增进教学流畅、加强课堂训练、优化学习过程、提高综合能力；而对于学生能激活课堂学习的气氛、学生觉得课堂生动、有趣，精神集中、善于思考，从“被动学习”逐渐转变为“主动学习”，既促进了学习的深化也提高了学习效果，而对于工具本身也使学生有了更加公平的学习环境，利于培养学生的团队意识和规则意识。

总之，IRS作为一种新的教学媒体更好地支持了教师的“教”，更多地体现了学生的“学”；不仅支持知识内容的展示，更支持依托反馈信息的课堂教学形成评价；从课堂教学的即时反馈，到积累的数字成长记录，都对课堂教学有巨大的效用。学生在传统课堂上确实存在注意力容易分散、班级中学生程度不一等情况，而智慧教室的运用从很大程度上调动了学生学习的积极性，同时，提供给学生平等的参与权，发挥了学生学习上的主观能动性，在教学中产生的不可替代的优势所在。

案例2：活用巧取HiTeach，提升小学语文课堂的实效性

（同安区阳翟小学　林慧慧）

摘要：课堂是学校教育的主阵地，在信息技术无处不在的今天，课堂也经历从黑板到白板的演变。如何使千百万中小学教师每一天的常规课实现信息化教学，实现技术与学科的整合，是21世纪全球基础教育革新和发展面临的重大课题。HiTeach交互式电子白板的出现无疑直击这一重大课题。本文我以自身应用HiTeach交互式电子白板的课堂教学实践为研究素材，首先简要介绍HiTeach交互式电子白板，然后具体阐述在我的课堂上所应用到的HiTeach功能及效益，最后简述使用HiTeach交互式电子白板的感受。

关键词：HiTeach交互式电子白板　小学语文课堂　实效性

21世纪全球基础教育革新和发展面临的重大课题是如何使千百万中小学教师每一天的常规课实现信息化教学，实现技术与学科的整合。面对信息技术的突飞猛进和教育改革与发展的需求，新的教学技术——交互式电子白板应运而生。它突破传统黑板＋粉笔＋板擦“三位一体”的教学模式，顺应了信息化发展的趋势，成为课堂教学信息化的首选，并且很快将成为教学的主流技术。

HiTeach交互式电子白板、实物提示机、学生端辅具的IRS即时反馈系统为一体，是教学科技辅具及其所配合的软件。简单而言，就是一个集黑板、投影仪和课堂实践三合一的交互式技术工具，有利于实现师生、生生、生机多重交互，实践活跃参与课堂的效果，提高课堂的实效性。

一、活用HiTeach，提高课堂效率

HiTeach交互式电子白板功能强大，不仅能如黑板一般直接板书，能像PPT一样批注、分享资源，还能多功能实现课堂教学方式的丰富性。比如借助聚光灯突出重点，借助屏幕漂移提高一个页面知识信息的容量，借助计分板激发学生表现欲，借助学生端辅具的IRS即时反馈系统实现与数学学科同等量化的主观题测试，即时测试即时知道测试结果，即时讲评即时交流……多样工具的整合与巧用，以“新”、“奇”、“妙”激发学生学习兴趣，而且课堂容量大，提高课堂效率。

1、活用白板页面的大容量，提高课堂效率。

比如在教学《两小儿辩日》一文中的两小儿争辩问题，孔子是不能决也，那如果你来决，你会怎么说？倘若使用PPT则需要几张页面呈现这一知识点，一页是早晨的太阳离人近，中午的太阳离人远的观点及其理由；一页是中午的太阳离人近，早晨的太阳离人远及其理由；第三张则是当今的科学探索结果——太阳在早上和中午离我们的距离是一样的。而且，对于学生的回答，你无法预料回答的顺序性，因此，你又得做一链接单来实现课堂教学与技术的融合点，繁琐又费力，吃力又不讨好。但如果使用

HiTeach交互式电子白板，则会集所有知识构架于一个白板页面，你可以使用放大与缩小实现课堂知识点的出示，也可以使用聚光灯凸显知识内容，还可以借助屏幕隐藏功能将知识面分板块藏于白板右面，当课堂生成发生时，即时拉出知识块，直击预设与生成，高效省时又不费力，多好！

2、活用白板工具功能多样化关注重、难点，提高课堂效率。

在课堂教学中，有些知识点想要充分引起学生注意，得到更多关注，传统的做法是使用不同的颜色或字体等操作加以实现重点突出，难点凸显，做法单一，用多则乏味。但在HiTeach交互式电子白板，我们可以使用聚光灯、荧光笔、幕布、放大或缩小等功能突破这一瓶颈。在《草虫的村落》教学中，我借助聚光灯可调整位置和大小这一功能，让学生对比“大街小巷”的“巷”和别字“巷”（下半部分写成横折钩、竖弯钩），先辨识写错的部件，引起学生关注错在何方，再请学生调用不同颜色的笔圈出，并写出正确的字，不仅实现知识点的强化，而且更好地控制课堂教学的实效。在《匆匆》教学中，我也是通过荧光笔给重点排比语句——“燕子去了，有再来的时候……”着色，吸引学生的眼球，达到自然关注，实现生成，提高课堂效率的目的。

3、借助IRS即时反馈系统，提高课堂效率。

IRS即时反馈系统可辅以课堂练习并即时揭晓答案，有利于老师课前检测学生预习情况或课末了解课堂的掌握效果。比如《北京的春节》教学前，我以选择文中多音字的正确读音为出题内容，编了5道选择题，并及时测试、翻牌或统计、讲评，为正确的朗读课文做准备。而在习文后，则以检测文中关联词的掌握情况为目的进行编题，让学生按键选择，进而老师翻牌公布答案，请不同回答的孩子交流他所选择的，即做即讲即评，理所当然，也就即时掌握知识点。此外，IRS即时反馈系统还可记录学生学情数据，便利我事后进行个别辅导。如此便捷的测试功能，怎能不高效？

二、巧用HiTeach，构建实效课堂

1、巧借HiTeach激发学生兴趣，营造自主课堂，构建实效课堂。

著名的心理学家皮亚杰曾经强调：“所有智力方面的工作都要依赖于兴趣，成功的教学不是强制，而是激发孩子的兴趣。”而我在班级里做过调查，47个学生中，在学生与老师二选一的角色选择中，有38个人想当老师，多达80.85%。因此在HiTeach交互式电子白板课堂教学中，我也充分贯彻这一理念，构建教学模式，进行角色互换，体现学生课堂的主体地位，构建自主课堂。比如我在“快乐高效课堂”教学模式中，以遵循学生“自主探究—合作交流—展示汇报—整合提高”为出发点，借助HiTeach交互式电子白板的时钟功能规定自主探究和合作的时间，交流共享智慧，沟通促进完善，接着小组推荐展示汇报——让学生当起老师，拿起白板笔，优雅走在讲台上，构建学生自主学习的课堂！当然，我事先借助HiTeach交互式电子白板，导入电子课本，并借助放大、缩小进行汇报段落的呈现。这样，巧用HiTeach激发学生兴趣，让学生当起老师，营造自主课堂，提高课堂实效性。

2、巧用计分板建立评价激励机制，构建活力课堂，服务实效的教学目的。

在每一堂使用HiTeach交互式电子白板的课中，我都必用这一功能——计分板，因为它不仅是评价的

一种方式，而且可以具有丰富的图标可以选择，老师可以依据天气或者学生的表现，由优秀者挑选图标进行进行小组比赛的标识，不仅激励学生又促进小组竞争意识，新颖新鲜构建新的活力课堂；有活力便有魅力，课堂实效自然水到渠成。

3、巧用视频录制和保存功能，为教学反思提供宝贵素材，利于课堂实效。

所谓“观局者迷，旁观者清”，但HiTeach交互式电子白板打破这一传统观念，让录制随时随地生成在课堂上，课后一结束，便可翻看，发现不足，进而促进课堂实效。在《手指》一课中，我就是通过看课后视频才知晓“个体”与“全体”的关系，这一知识点在联系生活实际阐述得不够到位和贴切，应该以生活中常见的物品来“晓之以情，动之以熟悉物”，如电脑这一全体离不开主机、键盘、鼠标、屏幕这类个体，茶具这一全体离不开茶杯、茶具之类的个体，只有贴近学生的生活实际，才利于理解和表达。这一顿悟确是通过课后观看课堂视频而明白。

4、巧借HiTeach实物提取机，促进讲评效率，提高课堂实效。

HiTeach交互式电子白板还配备实物提取机，善用它，有利于语文课堂的作业讲评实效。比如《詹天佑》一课的教学中，学生完成“站在詹天佑的铜像前，我想起……”的小练笔后，我当场巡视后选择有代表性的作业拍照存入以便于讲评；讲评时，学生的作业还在自己手中，屏幕上呈现的则是拍照版作业，可以一份练笔展现评改，规范圈画；可以两份练笔对比说明，发现优劣；可以四份作业同类比较，择优学习……比黑板板书来得快，比投影仪信息量大又减少调整时间，比口头讲评来得有实效，如此之妙，何惧不提效？

三、小叙HiTeach课堂教学模式的感受

通过一年半的教学实践体验，我更深刻地感受到HiTeach交互式电子白板成为当今课堂一新交互平台的趋势不可逆，因为它不仅提高课堂实效，构建自主课堂，而且实现“传道授业解惑”知识板块的清晰呈现，“白板”取代“黑板”的面对面的交流利于拉近师生间的距离，课堂小测当场知道效果的即时性，更有利于课堂生成的有效性，演绎精彩课堂。

当然，HiTeach交互式电子白板也有尚未明确的方面，比如长期使用它对学生的视力是否有影响？未来是否会有感应手写笔的出现，通过空中书写感应到屏幕上？我想，只有在一群人的共同努力下，HiTeach交互式电子白板的应用才能走得更好，才能更好提高小学语文课堂的实效性。

参考文献

［1］吴筱萌．交互式电子白板课堂教学应用研究［J］．中国电化教育，2011，03.

［2］胡卫星，王洪娟．交互式电子白板课堂教学应用研究的现状分析［J］．中国电化教育，2012，05.

［3］方琴．交互式电子白板：让语文课堂更精彩有效［J］．教育教学论坛，2013，35.

专家点评

在教师的论述中，HiTeach这样的一项新的教学技术特点鲜明，它突破传统黑板＋粉笔＋板擦“三位一体”的教学模式，顺应了信息化发展的趋势，成为课堂教学的首选，并且很快将成为教学的主流技术。作者结合具体教学，阐明了HiTeach交互式电子白板运用的特点和优势，探索课堂激发学生兴趣的不同方式，让师生在课堂上都能充分释放自己的潜能和思想，步步深入的论述了先进的信息技术给课堂教学带来的变革，让人感受到新技术带给课堂生成的新思路。极大地促进教学改革，提升课堂效率。

案例3：基于智慧教室的创新教学模式探究

（福建省厦门市同安区阳翟小学　叶雪珍）

智慧教室是当下教育信息化一个炙手可热的热词。本校阳翟小学于2012年2月举办首届“海峡两岸数字化教室与创新教学研讨会”活动。活动中，在专家智慧讲座的引领下，将“智慧教室”概念引进来，更有幸得到台湾科技领导及教学科技发展协会常务理事吴权威教授慷慨捐赠“智慧教室”设备，从此拉开了智慧教室应用于课堂教学改革的序幕，并一跃成为同安区教育信息化改革创新的先驱。

笔者认为，智慧教育不仅仅是大数据、云计算、互联网等相结合的一种技术手段，它更是一个生态圈，一个整合教育理念、教育资源、教学模式，能够有效提高课堂效率、提升教育质量的一个生态圈。本校教师在杨志现校长的带领下，努力探索、呕心实践，取得了一定的成绩。2015年11月13日，笔者有幸带领本校庄小雯老师参加了第十九届全国教育教学信息化交流展示活动，她的课例展示《美丽的小兴安岭》一举拿下一等奖的好成绩。作为智慧教室首席实验者，如何有效运用TEAM Model智慧教室设备，创新课堂教学模式，笔者就该课例谈谈自己的几点见解。

一、HiTeach互动教学，教学相长

在日常教学中，我们实验团队的成员将HiTeach互动教学系统与电子白板整合，将技术有效融入课堂，使课堂之花热烈绽放，深受学生喜爱。例如《美丽的小兴安岭》字词教学环节，第一组词语是“融化、涨满、淙淙”，我们出示了一段美丽的动态春景图，有渐渐融化的冰水，有涨满的小溪，有溪水淙淙流动的声音。教师配以声情并茂的讲解，三个词语随之相应地出示。如此教学，摒弃传统的教学方式，不再是单一的读读、认认、写写，而是景意相融，使学生在兴趣盎然的欣赏中不知不觉的内化新知识。“赏”的书写指导中，利用碎片化的资源“贝”字的书写演变历史，拓宽学生的知识领域，又有效激发了学生对中国汉字的兴趣。

此外，HiTeach计时器的使用，积分榜的应用，幕布遮罩等等功能的使用，也使得这堂课在信息技术的支撑下，淋漓尽致地展现了学生们课堂学习的风采。

二、IRS遥控作答，及时反馈

传统的大班化的课堂教学中，老师很难对每一个学生的学习掌握情况作出及时准确地判断，学生的老师的提问漠然无反应，课后测验也不理想等，这一系列问题在IRS遥控作答实施于课堂之后，有效地得以解决。

例如在《美丽的小兴安岭》“山上的积雪融化了，雪水化成小溪，淙淙地流着……”这一有关春景的文段赏析之后，为了检测学生对拟声词的掌握情况，老师设置了几道选择题，学生当堂按遥控器作答。这样一种新型的作答方式，受到学生的热烈欢迎。小小遥控在手，动手按按按。他们不再漠然，而是专注地思考，谨慎地选择，然后神圣地按下自己的选择。

文本补白、片段练笔一直是语文课堂中必不可少的环节，它是实现“阅读为写作服务”这一教学理念的有效手段。《美丽的小兴安岭》有关春景的文段赏析之后，老师设置了这样的练笔：小兴安岭的春天草木萌发，万物复苏，我仿佛看到了________________________，我仿佛听到了____________________________。老师当堂巡视，对于优秀的作品利用实物提示机上传到屏幕上，学生上台进行批注点评，在有效互动之后，利用IRS及时反馈系统，评选出最受欢迎的作品，避免了老师包办，使学生主体地位最大程度地凸显。

三、clouDAS云端诊断，及时补救

clouDAS云端诊断分析技术，回送诊断分析报告，有助于老师全面了解学生学习情况，同时做好及时的补救措施。也可以将学生的学习情况及时地反馈好家长，搭起家校沟通的便捷的桥梁。在上文提到的IRS课堂检测之后，老师利用云端诊断服务，形成报告，客观了解学生已有知识结构，根据学生学习情况，调整教学策略。当正确率低于30%时进行精讲，高于80%时学生课下互学，尊重差异，个性化发展，让“因材施教”课堂成为现实。

行百里者半九十。智慧教室的实践探索是一个漫长艰苦的征程。

如何利用信息技术的支撑，有效地整合教育理念、教学资源，革新教学模式，打造智慧教育的春天，我们将不断发挥团队的力量，百尺竿头，更进一步。

专家点评

在教育信息化时代，智慧教室的产生应用是大势所趋。本文作者结合自己日常教学，谈到HiTeach互动教学系统与电子白板整合，技术有效融入课堂及HiTeach计时器等信息技术在课堂上显现出来的强大功能及优势，智慧教室课堂教学在信息技术的支撑下，相比传统教学模式变得更加生动、更加灵活、更加深受学生喜爱。如何更好地在教学中运用此项技术，体现此项技术的先进性，还需作进一步的探索与研究，最终还将依赖于千千万万教师们的实践教学及经验总结，相信智慧教室的路能走得更远。

案例4：智慧教室心路历程

（福建省厦门市同安区阳翟小学 陈晓梅）

心理健康课作为一门新兴的学科，如何在不断发展本学科的同时与时代接轨，做好与信息技术的学科整合，运用多媒体技术带动心理健康教育学科发展成为心理健康教师的研究方向。中小学心理健康教育的目标是培育孩子良好的性格品质、开发智力潜能、增强心理适应能力、激发内在动力、维护心理健康、养成良好行为习惯。而心理健康课是其最重要的途径之一，人本主义心理学认为，人都有“完善”自己的欲望与潜能，每个人都有巨大的潜能去认识、理解和解决自己的问题，通过心理健康活动课，调动学生的潜能，积极改变和完善自身，不断发展自我意识，最终每个孩子都能拥有属于自己的健康心理。HiTeach智慧教室为教师提供了一个灵活的交互平台，使得心理健康课更加多样，更加丰富，让老师和学生、学生和学生有了更多的互动，也给予了学生更多的自我感知和体验，在这样的课堂上，学生能更好地表现自我，体验分享，不断自我成长，最后成为一个独立自主的、心理健康的“人”。那么，HiTeach智慧教室教学模式如何与心理健康课程整合，实现教学目标呢？在使用的过程中还将出现哪些问题？我带着以上的问题不断进行探索。

HiTeach智慧教室教学模式的运用实现了心理健康教育最重要的两个要素——“活动”和“体验”，对电子白板的灵活运用大大提高了这两大要素的生动性和深入性，能大大提高教学的有效性。

以一年级心理健康活动课“心灵手巧”为例，在课题揭示环节，利用交互式电子白板中文字移动与批注的功能来揭示课题，生动地说明课程目标，同时吸引低年级学生的注意力。对于一年级学生而言“心灵手巧”这个概念是抽象的，利用连线和批注，将题目概括为心灵巧和手灵巧，则学生十分易于理解。

在主题活动的环节让学生连线成画，利用交互式电子白板调用有趣的连线画，让学生尝试运用白板笔在白板上连线，构成完整图画，锻炼学生动手能力，提高学习兴趣。利用电子白板中教学软件的资源管理功能，可调用多幅图画，根据课堂实际进行选择。让学生运用像粉笔一样的电子白板笔在白板上进行涂画，这一新颖的用法能够很好地拉近学生与讲台和白板的物理距离和心理距离。学生真正感受到活动带来的快乐体验。

同时运用软件中评分板功能鼓励学生优秀表现，给予连线准确、又快又好的小组加心，使得课堂表扬更加及时具体，更有多样性。低年级学生注意力易分散，及时具体的表扬可以吸引学生注意，维持课堂秩序，提高课堂实效性。评分以小组为单位，鼓励学生进行小组学习，会的带动不会的，互相交流与碰撞，带动整个小组的共同进步。

进一步要求学生充分联想，动手动脑。根据学生要求，即时调用电子白板中的各种几何图形，让学生尝试联想与想象，添画几笔创造出不同的物品，通过小组合作学习，学生互相交流，发现自己没想到的东西还有很多，同学之间的交流启发了同学们的思维，也进一步促进生生互动。培养学生的联想和想象能力是本堂课的教学目标，也是教学重难点，运用软件中自带的几何图形功能即时调用，鼓励学生进行添画，让学生进行想象和联想的训练，对于开发学生想象和联想的能力起到很大的作用，让整堂课围绕教学目标展开，而不是华而不实。学生在不断的尝试和体验中收获成长。

同时运用实物展台即时展示学生优秀作品，真正提高课堂的实效性与开拓性。

在课程的最后，进行升华，加强学生体验、师生互动、生生互动，利用实物展台与IRS即时反馈系统，展示几名学生的作品，并依次拍照，投影到电子白板上，利用批注的功能进行编号，让学生根据自身喜好按动手中的遥控器评选出最优秀的小兔子自编故事，要求表达清晰，情节精彩，创意新颖。电子白板中的HiTeach软件自带的统计功能立即根据学生的选择结果统计出各个故事所得到的票数，以统计图的方式呈现，直观体现出学生的评选结果，快速得出最会说故事的故事大王得主。然后利用选人功能挑选学生对自己喜欢的故事进行评价，说明喜爱的原因，实现高效的师生互动、生生互动。

HiTeach智慧教室模式作为一个新兴的多媒体技术刚刚走进课堂，到目前为止，对于其应用还未形成一个较为完整的模式，很多方面还处于摸索阶段，因此在心理健康课上运用的过程中还有许多问题需要注意。

问题一：对HiTeach智慧教室模式的应用不应局限于使用多媒体课件。

多媒体课件的运用使得心理健康课程变得更加直观，为学生带了全新的环境感知和认知方式，但是如果我们仅仅满足于运用多媒体课件而停滞不前，就不能真正让HiTeach智慧教室模式服务于教学。多多挖掘HiTeach智慧教室模式的潜在功能，根据课程目标和课程设计的需要，灵活多样地运用HiTeach智慧教室模式，才能真正意义上的实现心理健康与信息技术的学科整合。

问题二：关注HiTeach学科资源的开发。

心理健康学科作为一门新兴的小学科，教学资源与语数等大学科相比少了很多，在学校一线的心理健康教师大多“各自为政”，自己的教学资源局限于自己使用，缺乏学科资源的共享和开发，也没有一个较为权威的网络平台让老师共享和使用心理健康课的HiTeach学科资源，使得心理健康教师在上课时所受的局限较大。若能建立一个基于互联网的协作学习平台，让老师们能协作开发心理健康学科资源，各个老师在开发自己的资源时重视整理和共享，那么每一位教师在运用电子白板服务于教学时更能游刃有余、大展拳脚。

专家点评

本文作者通过HiTeach智慧教室模式在心理健康课上的应用，谈心理健康教育最重要的两个要素——“活动”和“体验”得以很好实现，教学由此而变得更加生动和深入，极大地提高了教学的有效性，软件中的评分板功能使得课堂互动和高效，整个课堂教学在智慧教育模式下变得更加生动，灵活、多样，学生的注意力及学习兴趣都得到极大提升。另外，作者通过实践也谈到运用信息技术过程中存在的一些问题，对于未来实现课堂教学与信息技术的学科整合具有极大的借鉴作用。